《杨鹏解读〈道德经〉》让你爱上《道德经》

杨鹏有现代的大眼光，又有独特的知识结构、生命体验和关注方向。如此解读出来的老子，是独特的老子，让人眼前一亮的老子。什么是传统的创造性转化，《杨鹏解读〈道德经〉》一书就是。

——吴思（历史学家，《血酬定律》《潜规则》作者）

杨鹏解读『道德经』

大道之悟与践行之路

杨鹏 著

上海社会科学院出版社
SHANGHAI ACADEMY OF SOCIAL SCIENCES PRESS

目录

前 言

“道”之本与“道”之用

2014 年 9 月到 2016 年 9 月，我在哈佛大学亚洲中心做研究学者，对比研究《道德经》《论语》与《圣经》《奥义书》《理想国》《塔木德》等世界宗教和哲学经典，寻找这些经典之间的共同性和差异性，以求更好地把握中国经典在人类思想史上的位置。

这期间我开始修订《老子详解：老子执政学研究》一书第五版，同时着手翻译《道德经》，并于 2016 年 6 月在美国出版了我的《道德经》英译本 *Dao De Jing*。

2015 年 9 月，邓瑾、赵凌两位朋友邀请我在她们刚创办的博雅小学堂微信群里给学员们开课讲《道德经》，一共四讲。《道德经》简洁深刻，要在四小时左右时间将《道德经》核心的思想结构呈现出来，难度可不小。虽然我出版过 43 万多字的《老子详解》，对《道德经》逐字逐句有过研究，但仅用四节课来介绍《道德经》，我还是没有信心，很犹豫是否开课。

为解决问题进行思考，总会带来收获。四节课的时间约束，引导我去抓要点，去探索《道德经》的核心结构。思考了一个多月，我发现或许可以走一条简单路径去揭示《道德经》的核心结构。这个简单路径，就是走在《道德经》宇宙观与治理观的统一点上。

老子的治理观，建立在他的宇宙观上。治理观与宇宙观统一，是《道德经》突出的特征。正是在这一点上，老子超越了中国其他思想家，将中国思想史带上了本体论认知的最高层面。宇宙观如源头，治理观如流水。梳理《道德经》的源与流，从宇宙观进入治理观，我们会发现《道德经》的思想结构有一种充满魅力的简单性，一种深刻的简单性。发现这种简单性，就有了纲举目张的感觉。在 2015 年 11 月 18 日—12 月 5 日期间，我在博雅小学堂开设“《道德经》四讲”，受到大家的欢迎。

学员们听完“《道德经》四讲”，意犹未尽，希望有更详尽的《道德经》课程。经过准备，我们又开启了一个漫长的《道德经》81 章的研读之旅。从 2016 年 8 月 6 日开始，到 2017 年 4 月 20 日结束，9 个多月的时间里，400 多人一起，每周学习两章，逐字逐句精读共81章的《道德经》。我们在微信里建有学习讨论群。400多学员不断提问、讨论、辩论。教学相长，我和学员们在交流中共同创造着这门课程。

讲课过程中，我逐渐发现原来"《道德经》四讲"的不足之处，不断对内容进行修订。

青豆书坊的出版人苏元，先后参与了博雅小学堂"《道德经》四讲"和"一字一句精读《道德经》"的课程学习。她很喜欢我对《道德经》的讲解，认为非常有出版价值，建议把《道德经》课程内容整理成书。要把《道德经》四讲的内容要扩展成一本书，这是一个大难题。在编辑整理的过程中，我发现讲课的内容和出书阅读的内容，要求很不相同，需要对原讲课记录稿进行较大的调整和补充。苏元和我对"《道德经》四讲"讲课稿，从结构到文字，不断进行讨论修改，最终有了现在这本《杨鹏解读〈道德经〉》，它在《道德经》四讲的基础上，又吸收了"一字一句精读《道德经》"课程的核心内容。

《道德经》是神妙深刻的诗化哲学著作，是中国思想史上最艰深难懂的著作，也可能是人类思想史上单位文字思想含量最高的著作。司马迁在《史记·老子韩非列传》中感慨"老子深远矣"。深刻的思想，从来不会复杂。当我们沿着老子宇宙观与治理观的统一点去寻找《道德经》的核心思想结构，我们会发现《道德经》思想结构的单纯性。《道德经》5000多言文字极其简洁，却有不少重复的内容。老子主要围绕几个核心要点，从不同角度，用不同方式反复进行阐述。

宇宙观可以是抽象的，治理观则是具体的。“无为而治”是老子有名的治理哲学，历来被视为帝王治理天下的最高境界。《道德经》习惯由虚入实，由实返虚，最后达致虚实不分、虚实合一。遵循《道德经》宇宙观与治理观的高度统一，本书也从探讨《道德经》中抽象的理论问题、哲学问题开始，最终落实在行动上。第5章“如何才能实现无为而治？”详细介绍了如何在思想上理解无为而治以及如何在行动中实现无为而治。第6章讲了《道德经》在生活中的一些具体运用。

人类早期不少重要思想作品，多是对话体形式，例如中国的《论语》和古希腊柏拉图的《理想国》。在讲课过程中，学员提出了不少问题。有的学员提到孩子教育的问题，有的提到企业治理的问题，还有的提到《道德经》与《圣经》的比较等。学员们的提问和我的回应有助于加深对《道德经》的理解。我对课堂里的部分提问和讨论内容进行了整理提炼，重新进行了写作，以“问答十二篇”的形式作为本书最后一章。

国思想史上最深刻的作品，代表着中国

度。本书力求揭示《道德经》的宇宙

理观之流水，揭示出《道德经》宇宙

这本书是讲课集成，不是系统学术

博雅小学堂和学员们共同研读《道德

望能帮助课堂之外的读者朋友们在较

道德经》的核心思想结构，获得开

匙。

杨鹏

2017 年 8 月 16 日

第1章　神秘时代的神秘思想家

我们生活在功利的世界中。竞争激烈，效率至上，现实压力下，人们学什么做什么，都力求功利实用。一些朋友问我，花时间学习这2500多年前的《道德经》有什么用？老子在《道德经》中揭示的自然规律和倡导的治理哲学，与今天有何相干？

每当遇到这样的朋友，我就会想到，学以致用不仅今天的中国人有这样的想法，中国几千年的主流文化也这样。老子的思考，有功利的成分，但更多是求知的成分，是想弄清宇宙的奥秘，是想将人治理天下的行为与宇宙深层的运行规律统一起来。但老子以后，中国思想者们离纯粹的知识探索愈来愈远，愈来愈着眼于功利的政治目的。中国几千年来，在学以致用的追求下，中国人在哲学和科学上愈来愈缺少创造突破的能力。

从长期的人类历史发展进程来看，探索纯知识，为知识而知识，反而是最有用的。教育学生，不能简单强调学以致用，要强调知识探索本身的价值，培养学生以求索为乐，以发现和创造为目标。

在这个意义上，学习《道德经》，就是把我们从世俗功利的低位思考中拉出来，拉回到中国精神曾达到的最高峰。《道德经》告诉我们，宇宙之中，“无”的世界更本质，“有”的世界只是“无”的无限之海打出的浪花。这也意味着，从人类文明生长看，“思”的世界可能比“行”的世界更本质，功利的结果只会是思想之海打出的浪花。

学习《道德经》就是回到深邃的“思”的世界，回到人之所以有别于动物的“思”的本质上，最终使我们的行动更有力更有效。套用《道德经》“非以其无私与？故能成其私”的句子，我们可以说：“非以其无利与？故能成其利。”

1.《道德经》与现代世界的关联

《道德经》是2500多年前中国古代的思想作品，但《道德经》的思想具有深刻的现代性。《史记·太史公自序》中这样总结道家：“其术以虚无为本，以因循为用。”

虚无，就是虚心接受，因循就是顺着来。对万事万物，采取接受顺应的态度，因势利导。关注现实，学以致用，这是多数朋友的心理。我就顺其自然，先用五个例子给大家讲讲《道德经》与现代世界的关联，讲讲《道德经》的现代意义。

第一个是哈佛大学商学院的例子。哈佛大学商学院有一个 Leadership Program（领导力项目），专门训练商业领导力。有一位教授叫詹姆士·海斯科特（James Heskett），他主讲一个管理模型，即 Servant Leadership（服务领导力），讲如何通过提供服务来实现最深层的领导。

Servant Leadership 很受学生欢迎。詹姆士·海斯科特教授自己说，这个服务型领导力模型，是根据中国老子《道德经》创立的，他自己只是把《道德经》的管理哲学进行了现代模型化的处理，把抽象的《道德经》具化成一个商业领导力模型。哈佛商学院认为《道德经》蕴含着中国深奥的领导哲学，可以从中吸收大量养分，服务于商业领导力训练项目。

第二个例子是披头士与《道德经》。1968 年，世界著名摇滚乐团披头士（Beatles）演唱了《道德经》第 47 章，就是“不出于户，以知天下”这一章。这首歌取名为《内心之光》（*The Inner Light*），是披头士的代表作，被称为披头士的圣经（The Beatles Bible），流传极广。披头士用这首歌，来表达那种光明就在自己身上的思想。个人是自足自主的，真理之光在宇宙之中，也在每人内心深处，不用去外面寻找。回到自己，就是回到光明。披头士这首流行的《内心之光》，使老子的名字进入了西方流行文化之中。

世界著名摇滚乐团披头士（Beatles）演唱了《道德经》第47章，取名为《内心之光》，是披头士的代表作，被称为披头士的圣经，流传极广。

里根说，正如中国古代哲学家老子说过的："治大国若烹小鲜，别折腾。"（Lao Tzu said, "Govern a great nation as you would cook a small fish. Do not over do it."）

披头士从《道德经》中吸取了精神营养。

第三个例子是美国总统里根在国情咨文中引用《道德经》。1988 年 1 月 25 日，连任美国第 49、50 两届（1981—1989 年）总统的里根在国会演说中，强调个人自由和自由市场是发展的推动力。里根引用《道德经》第 60 章中的"治大国，若烹小鲜"这句话来表达自己的执政观。

美国共和党重视个人自由和市场竞争的价值，强调政府少干预是社会繁荣的前提。里根引用老子的"治大国，若烹小鲜"，是认同老子强调的政府少指挥少干预和社会自主自治的治国哲学。

第四个例子是德国思想界对老子思想的关注。西方思想家中，德国思想家群体对研究和传播《道德经》起了重要的作用。德国著名思想家如康德、黑格尔、尼采、海德格尔等都对老子有很高评价。1947 年，德国思想家海德格尔参与了《道德经》翻译。海德格尔是西方存在主义哲学的重要奠基人之一，他对老子的关注扩大了老子在西方学术界的影响力。在西方学术界，老子是最受尊重的中国古代思想家。

第五个例子我讲讲马云。前面四个例子都是讲的《道德经》在国外的影响，下面我讲一个中国的例子。2014 年 1 月 24 日，我带可口可乐公司中国总裁 David 去和马云商量一个合作项目。马云在杭州太极禅苑招待我们。我把我出版的《老子详解：老子执政学研究》一书送给马云，马云接过书说："中国古代诸子百家中，我只读得懂《道德经》。老子读得懂我。"马云这个人，的确与众不同，讲话角度跟常人不一样。不理解《道德经》，就不会明白为什么马云坚持阿里巴巴只做电商平台而不做电商，因为是要做大海而不做溪流小河。马云画过一幅画，画他理解的太极创生。阿里巴巴人称他们的企业文化是"中学为体、西学为用"。别人我不知道，马云大概是这样的。

我讲《道德经》与现代世界关联的这五个例子，有的朋友可能会觉得有点俗。他们会想，《道德经》的价值，还需要用这些世俗名人来说明吗？多数人是现实的，我这么讲，只是为了拉近《道德经》与现在的关系，吸引这些朋友对学习研究《道德经》的兴趣。

并不是说因为哈佛商学院重视《道德经》我们才应该重视《道德经》，并不是说海德格尔、披头士、里根和马云这些人重视《道德经》，我们就应该重视《道德经》，不是这个意思。我更不是借他们来抬高《道德经》的地位，《道德经》比他们全部加起来还有更高的历史地位。我借用他们的例子，是想说现代的聪明人，深懂《道德经》的价值，深受《道德经》的影响，这只是为了让大家感受一下《道德经》与我们现实世界的关联。

2.《道德经》与中国历史的关系

学术界习惯上将中国本土文化传统称为“儒道互补”，但这样的说法容易简单化。中国诸子百家中，法家是一个非常根深固蒂的存在，影响深远。荀子、董仲舒的理论，主要是儒家与法家的融合，而《黄帝内经》《淮南子》《管子》等带有道家黄老学色彩的著作，则主要是道家与法家结合的产物。墨家、名家、阴阳家等流派的思想也以某种变化的形态融入到了后来的儒家和道家之中。儒、道两家吸收各家，所以说“儒道互补”虽然有简化之嫌，但也有一定道理。儒、道两家，儒家做加法，道家做减法，后来确实愈来愈成为百川汇流的思想的大江大河。

经过春秋战国诸子百家的辩论竞争，到战国后期，道法结合的道家黄老思想逐渐占了上风。西汉建国后的刘邦、吕后、汉文帝、汉景帝时期，道家黄老学说逐渐发展为国家执政哲学，老子思想广受推崇。

司马迁《史记》约完成于公元前 91 年，其中《太史公自序》篇里记载有司马迁的父亲司马谈对当时中国六个主要的学术思想派别的评价。司马谈认为：阴阳家的优点是“序四时之大顺”，顺应四季节令。儒家的优点是“序君臣父子之礼，列夫妇长幼之别”，讲君臣父子夫妇的礼教等级秩序。墨家的优点是“强本节用”，加强生产，节约消费。法家的优点是“正君臣上下之分”，强调划正君臣上下的名分和权力。名家的优点是“正名实”，使名称与事实统一。分析上述五家优缺点后，司马谈总结道家的特征为：“因阴阳之大顺，采儒墨之善，撮名法之要，与时迁移，应物变化，立俗施事，无所不宜，指约而易操，事少而功多。”因循阴阳家的顺四时，采用儒家墨家的优点，选取名家法家的要点，与时迁移俱进，顺应万物的变化，立风俗做事业，无所不便捷，宗旨简约而易操作，做事少而功业多。

司马谈评论的道家，兼容了阴阳家、儒家、墨家、法家、名家的全部优点，避免了它们各自的局限和缺点，顺应万物自然本性，成就最大的功业。

司马谈对道家的描述，指的是以道家为主，融合了儒家、法家、名家、墨家等思想的黄老道家，是道家的入世治国之学。虽然司马迁写作《史记》时，汉武帝已确立“罢黜百家，表章六经”的政策，儒家已成为主流，但司马迁仍然以道为先以儒为后，用《汉书》的说法，就是“论大道则先黄老而后六经”，说明黄老道家仍然有深刻的影响力，而且说明史官独立写史的传统仍然没有被破坏。

公元前 134 年董仲舒提议“推明孔氏，抑黜百家”，即后人说的“罢黜百家，独尊儒术”，儒家复兴为国家哲学。但即便如此，黄老道家的影响一直伴随西汉王朝。无论儒道两家在争夺国家意识形态地位上如何起伏变化，历代君王多把《道德经》视为“君人南面之术”、天下治理之道，学习《道德经》仍是多数君王的重要功课。

唐朝建国，以道为尊。唐高祖李渊自称“老君子孙”，以老子为祖宗，尊老君为太上玄元皇帝，以道教为国教。

唐朝武德八年（公元628年），唐高祖下令道教为先、儒教次之、佛教最后的三教地位排序。此政策被唐太宗、唐玄宗等遵从。唐朝是中国历史上最繁荣强大最受尊重的王朝之一，以至于现在海外华人社区仍称唐人街。唐朝的国学哲学以道家为主，道教是唐朝第一国教。唐太宗《贞观政要》上说："古之帝王为政，皆志尚清静，以百姓之心为心。"这完全是老子思想。唐太宗下诏称："天下大定，亦赖无为之功。"在这个意义上，行无为而治，任民众自治，即是梦回唐朝。

唐以后的宋元两朝，道教受到朝廷推崇。道教奉老子为教主，老子自然受尊崇。宋真宗倡导道教，宋徽宗亲自注解《道德经》。历史上广为流传的道教全真派领袖丘处机"一言止杀"的故事，并非无中生有。成吉思汗三派朝臣请丘处机出山，请教治国之道，丘处机劝成吉思汗敬天爱民。元朝建国，成吉思汗大力支持道教发展，使元代成为道教最为兴盛的王朝之一。

明朝建立，朱元璋重视运用老子治国之道。1374年，朱元璋完成《道德经》注释，颁发朝臣学习。朱元璋在序言中说，《道德经》是"万物之至根，王者之上师，臣民之极宝"。朱元璋实施低赋税政策，执政以提防官员扰民和惩治贪腐为核心，在情治系统内部设置东厂、西厂相互竞争，这些做法都与《道德经》的思想有关。

《明太祖高皇帝御注道德真经》是我很喜欢的一本《道德经》注。朱元璋注释很有特点，不钻学术牛角尖，不守学术规范。但作为最高统治者，他对有些问题的看法一针见血，习惯把阅读心得转化为行动要点。

清朝第一位皇帝顺治，也注释了《道德经》。北京故宫博物馆就藏有《顺治御注道德经》。

这简单的历史梳理能使我们知道，汉、唐、宋、元、明、清，《道德经》都是一个重要的存在。中国历史上的盛世，似乎总与遵循道家黄老学有关。如果说西汉的文帝、景帝是“明用黄老不用儒术”，唐朝高宗、太宗是“明用黄老辅之孔释”，清朝康熙、雍正则是“明用儒术暗用黄老”。要了解中国历史和掌握中国人的文化心理，不能不懂《道德经》。

3. 老子是谁?

老子的身世扑朔迷离。

司马迁《史记·老子韩非列传》（约完成于公元前91年）是第一篇关于老子生平的传记，说老子是“周守藏室之史也”，周王朝守藏室的史官。守藏室是周王室收藏文书图籍及珍贵器物的场所。器物主要是玉器、青铜鼎、乐器、祭服等祭祀礼仪用具。守藏室相当于今天的国家图书馆、中央档案馆、国家天文台档案馆及国家宗教局等部门之综合。史官是守藏室负责人。

史官做什么工作？周王朝时，记录历史、撰写史书是史官的重要工作，但不仅仅局限于此。史官重要工作还包括观察日月星象，制订历法，记录地理山川，整理图籍，祭神占卜，主持朝廷大典仪礼，记录君王朝臣言论事务，起草制订朝廷政策法令，保存管理朝廷重要档案、文书图籍及祭祀器物等。史官知识传统具有家族垄断性，所以史官是家族世袭执掌。

老子的身世与孔子不同，老子是朝廷贵族史官世家出身，孔子是贫困家庭出身；两人思维方法不同，老子从上往下看，孔子是从下往上看。他们风格不同，但有精神交汇点。

介绍史官工作特征，是为了更好地了解老子的思维特点。思想家的职业特点和个人经历，对思想家的思想方法会有深刻影响。史官观察天象，记录地理，记载历史，参与朝廷管理，这都使史官容易形成天、地、人一体以及过去、现在、未来相通的思考习惯。时空一体，宏观微观一体，这些特征在《道德经》中有充分表现。《道德经》的特征之一，就是宇宙观、执政观、人生观全然统一。

商朝和西周，史官地位很高。朝中天子之下，即是三公，这是中国古代朝廷中最尊显的三个官职。朝会时，史官座位排在三公之上，以示对天道之敬重。也许正因为这种为天道立言的传统，深明上天之道与生命之爱的内在关联，所以《道德经》中，老子的精神完全超越于世俗王侯之上。老子公开批评王侯们一些违背天道的行为，甚至指责王公贵族们是强取豪夺的强盗头子，责备他们“非道也哉”。

老子时代，教育资源被贵族垄断，受教育者多是贵族子弟，普通百姓无知无识。老子在周王朝担任史官，从事当时知识含量最高的工作，是周王朝中最有知识地位的文化名人，所以热爱礼教的孔子，要向老子问礼求道。孔子

春秋末期，孔子问礼求道于老子。

问道于老子之事，不仅《史记》记载，道家典籍《庄子》及儒家典籍《礼记》《孔子家语》等也有记载。

老子生在什么时候？《史记·老子韩非列传》记载孔子 51 岁时见老子问礼，那时老子年龄很大，牙齿已掉光。孔子生于公元前 551 年，我们可据此推测当时老子年龄可能已七八十岁，所以老子大约生于公元前 580 年左右。

学术界对孔子见老子的时间有不同看法。有说是孔子 17 岁时见老子，也有说孔子是 34 岁时见老子，都各自有自己的史料根据。说孔子 51 岁见老子，是我选择了一个我认为合适的说法。孔子也有可能见过几次老子。一位认真好学、个性执着的学生，是可能多次去见一位名师的。

老子在周王朝已久，见周王朝衰败，离开周王室西行。经过函谷关，函谷关关长尹喜说："老师您要归隐了，勉强为我写本书吧。"于是老子就写了 5000 余字，然后离开继续西行，最后不知去向。民间神话传说，西边是昆仑山，上有与上天相通的神秘通道。老子是去昆仑山，返回天界去了。老子生平，杂糅在历史记载和各种传说之中。司马迁《史记·老子韩非列传》老老实实记下了关于老子的不同传说，并说"世莫知其然否"，世人不能确认是否如此。老子是一个神秘人物。

放到世界范围看，与老子同时代的一些伟大思想家，

老子离开逐渐衰败的周王室西行，经过函谷关时，函谷关关长尹喜请求老子写一本书，老子写出《道德经》，然后继续西行不知去向，留下各种神秘的传说。

身世往往也是神秘莫测。发现毕达哥拉斯定律的古希腊哲学家毕达哥拉斯，编撰犹太教经典《托拉》的拉比们，编撰印度教《奥义书》的作者，都没有关于他们详实的历史记录。后人对他们的了解，更多只能通过一些零星的神秘传说。

4. 轴心期思想家

老子是轴心期思想家。

德国哲学家雅思贝斯 1949 年出版《历史的起源与目

标》认为，以公元前500年为中心，从公元前800年到公元前200年，人类不同地区出现众多突破性的思想家，这是人类精神觉醒的轴心期。中国老子、孔子、孙子、墨子、庄子、商鞅等诸子百家，正好处于公元前500年前后的轴心期的中心。与此同时，古希腊出现了泰勒斯、赫拉克利特、毕达哥拉斯、苏格拉底、柏拉图、亚里斯多德等伟大的思想家、哲学家。

这一时期，琐罗亚斯德在伊朗建立琐罗亚斯德教，印度教圣典《奥义书》编撰完成，释迦牟尼创立佛教，中东犹太人在传统典籍和传说基础上完成了犹太教《托拉》(《圣经·旧约》)的编撰。

老子、孔子、毕达哥拉斯、释迦牟尼完全是同时代人，如果交通通讯便利，他们可以在一起交流。这些开创性的思想家同时出现在大地上，这是人类思想史上极为神秘的事件，我们似乎只能理解为神意的安排。人类精神演化史中，形成了少量精神的高峰。人类轴心期思想家奠定了人类至今的基本思想方法，后来的思想家们没有人能超越轴心期思想家。站在轴心期的精神群峰之上看问题，我们能看得更远、想得更深。

人类精神动力的波动，是全球现象。把中国精神的波动放到人类精神波动历史的背景下，我们会发现某种程度

《雅典学院》(拉斐尔作于1510—1511年)以古希腊哲学家柏拉图所建的雅典学院为题，画面上汇集着不同时代，不同地域和不同学派的著名人物，有历史上的思想家，也有当世知识精英，凝聚着人类思想的精华，他们在自由热烈地讨论着，好像将举行什么典礼。拉斐尔回忆历史上思想的“黄金时代”，赞美人类对智慧和真理的追求，寄托对最高生活理想的向往。

的同步现象。中国诸子百家兴于轴心期，说明当时中国精神的突破，与古希腊、古印度、中东地区的精神突破同步，而且精神突破的波峰与世界处于同一高度。这以后，中国精神波动与其他国家的精神波动虽然仍然有一定的同步性，但总体上精神波峰呈下降趋势。

以公元前500年为起点，往后500年，即公元后百年，罗马帝国兴起，中东出现了耶稣基督及其门徒，基督教兴起。在中国，则是道教开始发展。再以后 600 多年，即公元 7 世纪，阿拉伯出现使者穆罕默德，伊斯兰教兴起。中国则出现慧能、神秀等禅宗大师，佛教中国化。再以后 500 年，公元 12 世纪后，以意大利托马斯 · 阿奎那为代表的基督教经院哲学成型，在中国则是程朱理学逐步完善。再以后 300 年，公元 15 世纪前后，意大利文艺复兴及欧洲新教变革，改变世界的思想家、宗教家、科学家、文学家大量涌现。中国出现王阳明心学以及罗贯中的《三国演义》、吴承恩的《西游记》等文学作品。这以后 400 年，就是 19 世纪工业革命的兴起，中国君主制结束，现代性转型开始。

人类精神轴心期的共同突破是神奇的，《道德经》是这个共同突破在中国结出的精神之果，内含轴心期精神突破的神奇思想能量。轴心期思想家是人类现代文明的精神根源，中国精神的未来生长，根系仍在轴心期的诸子百家思想中。中国精神走向未来，需要重新回到诸子百家再出发。《道德经》是中国诸子百家中最具世界意义的作品，也是最具现代性价值的作品。回到《道德经》，回到中国精神的高峰，有利于我们看清方向再出发。

第2章　世界从哪里来？

眼前是无限的奥秘，心中是幽深的谜团。繁星满天，日升月落，四季轮转，万物生长，生命繁衍，眼前这一切，是怎么来的？会往哪儿去？不知道宇宙的起源，不知道万物的命运，我们也就不知道我们从哪里来，我们是谁，我们到哪儿去。

这些终极问题，永远悬在人类面前。人类思想史，一定程度上就是对这些问题回应的历史。关于宇宙起源，我们仍然有多个故事。这意味着，我们没有共同的解答。

宇宙起源的问题，老子在《道德经》中有清晰的看法。本章希望把《道德经》中的宇宙起源论，放在人类宇宙起源的思想史中来定位。

1. 创世论

关于宇宙万物的起源，从哲学上可粗略划分为两大类，一是创世论，二是自生论。

宇宙起源论中，人类最悠久和最持久的观点，是创世论的观点。创世论认为，宇宙万物是被造物的力量所创造出来的。这造物的力量运行于宇宙万物之中，维持宇宙之秩序，也超越宇宙万物，主宰宇宙万物的运行。宇宙万物的本源力量和秩序，在宇宙万物之中，也在宇宙万物之外，超越宇宙万物，从外入内主导宇宙万物。

犹太教、基督教、伊斯兰教、印度教等，皆为创世论。最有名的创世论，就是《圣经》的“创世记”。

《圣经》开篇写道：

> 起初，上帝创造天地。地是空虚混沌，渊面黑暗。上帝的灵运行在水面上。上帝说，要有光，就有了光。

《圣经》“创世记”讲上帝创造天地万物，一直到创造人。宇宙万物及生命系统被上帝一天一天创造出来，整个创造过程用了六天时间。神学家们在讨论里面这个“六天”的概念，是我们人类白天晚上的天吗？或者是另外的概念？神学家们有很多神学讨论，我们更关心这故事背后隐藏的创世论的哲学——有一种力量创造并主宰宇宙万物。上帝是造物主，宇宙万物由上帝所造，遵循上帝之道，服务上帝宏大的善的目的。

印度教有三大主神，一是梵天，宇宙万物创造者；二是湿婆，宇宙万物毁灭者；三是毗湿奴，宇宙万物维护者。印度教这三大主神各自的能力，似乎都统一在《圣经·旧约》所描写的上帝唯一创世神身上。

梵天创世的故事是这样的。起初，一片汪洋大海。一粒种子落到水里，长成一个蛋。梵天从蛋里出来，创造了天地万物，创造了人类和语言等。中国盘古开天地传说，类似印度梵天创世故事，所以学界有观点认为盘古开天地传说本源于印度教。

上帝创世与梵天创世有一些结构性的相同点：世界由造物主创造。天地万物被创造出来之前，宇宙中已充满水。

造物主创世论是犹太教、基督教、伊斯兰教及印度教的核心基石，这是它们的信仰、祈祷和礼拜仪式的前提。

2. 自生论

自生论认为，万物的诞生和消失，源于宇宙内部自己的原因，并没有一个造物力量在宇宙之外创生万物。自生论可以涵盖许多的理论，如唯物主义和佛教缘起论等。

辩证唯物主义认为，世界是物质的，宇宙万物统一在物质上。物质世界是矛盾运动的，矛盾运动是有规律可循的。世界上一切现象，是物质世界运行规律的表现，是不以人意志为转移的。宇宙只有一个，就是物质的宇宙。生命和人类，也是物质世界自我演化的结果。

达尔文的进化论，讲的是生物在适应环境变化时的自我进化过程，因为不再追问生物进化的动力和目的，也属于自生论思想。

宇宙大爆炸理论，因为没有再追问宇宙大爆炸的来源，只以一个不再解释的“奇点”作为爆炸的开始，所以大致可以归类为唯物自生论。

中国古代的金、木、水、火、土相生相克的五行学说，可归类为五行自生论，与古希腊泰勒斯认为万物生于水和赫拉克利特认为万物生于火类似，都属于人类唯物主义自生论的表现。

佛教缘起论认为，一切现象因缘而生因缘而灭。所谓缘，指无限的因果关系。这个世界如同一个无限的因果关系的大网，世上一切现象不停地相互影响，互为因果。任何一个现象出现，都是无限的因果交叉互动的结果。任何一种事物，都没有自己独立的本质，都无自性，都只是因缘而生因缘而灭。我们这个宇宙，是被因果关系控制的。与唯物主义以物质为本的思想不同的是，佛教缘起论认为，物本身也是无自性的，也是因缘而生因缘而灭的，缘为万物之本。

缘起论认为，世界之中的任何现象，都处于永恒的因果互动和流变之中。因此这个世界谈不上什么无中生有的起源，本来就是这个样子。缘起论把“缘”视为本源，视为事物的本质，不再追问“缘”的来源，所以可以归为缘自生论。

尽管自生论的队伍中，有形形色色的不同理论假想，但仍然有共同的大方向，它们都是从宇宙万物本身来解释宇宙万物的现象，不认为宇宙万物之上还有终极的造物力量和外在的主宰力量。

3. 宇宙大爆炸猜想

宇宙源于137亿年前一次大爆炸，这样的理论猜想，在世界上已流行半个多世纪。这是一个极有想象力的、迄今还没有被证实过的猜想。《圣经》深刻影响了西方世界科学假想的角度。宇宙大爆炸这样的理论猜想，与《圣经》中“上帝说：要有光，就有了光”不会没有联系。中

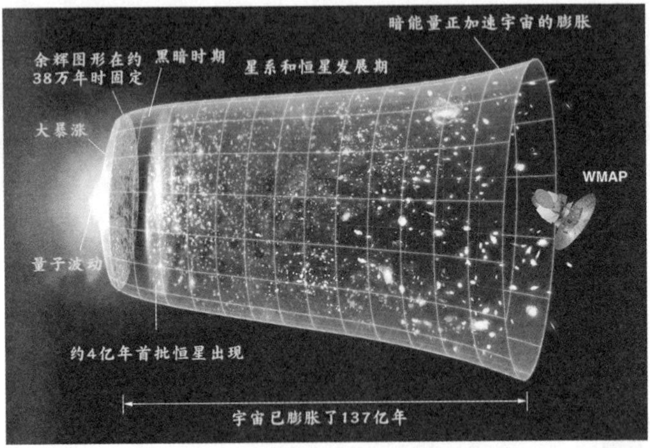

此为宇宙空间度量扩张的时间线图示。在这里，每个时间的宇宙空间（包括理论假设的不可观测的部分）由一个圆形截面表示。图的左边显示宇宙在最初膨胀期戏剧性地扩张。图的中心点显示宇宙在加速扩张。（该图仅为艺术性地展示概念，并非真实尺度。）

国的宇宙起源论科学家，也许今后会从水的角度去假想，提出“大一生水”的宇宙论。

1927 年，比利时天文学家勒梅特（Georges Lemaitre）首次提出宇宙源于一次大爆炸的假说。1929 年，美国天文学家哈勃观察发现，离地球愈远的星系，正以愈来愈快的速度远离地球。哈勃猜想这是宇宙在膨胀。宇宙膨胀现象，似乎有助于人们认同宇宙大爆炸的假说。物理学家们按照宇宙源于大爆炸的思路，做了无数粒子碰撞实验。天文学家们也按照大爆炸思路，常年进行星系射线观察。科学观察上有一些突破，但基本问题仍是谜团。

迄今为止，“宇宙大爆炸”仍然还是一个不清不楚的假想。说它不清不楚，是因为它是一个只有结果而没有原因的猜想，它回答不了许多基本的问题，例如大爆炸之前是什么？它回答不了是什么原因促成大爆炸，回答不了为什么从爆炸中会出现一个以对称有序为主的宇宙秩序，等等。今天的宇宙学家们，仍然在猜想宇宙万物的开始，或是对宇宙大爆炸假想进行修正，或是要完全推翻这个假想。新的假想不断提出，如多元宇宙理论，认为我们这个宇宙只是众多宇宙中的一个，并且来源于另一个宇宙。又如波浪理论，认为我们这个宇宙也许只是如同波浪的生灭，只是宇宙无限生生灭灭的波浪中一个浪花。宇宙大爆炸，被今天一些科学家猜想为宇宙现象中的某种现象或某次现象而已。

宇宙大爆炸理论是半个世纪以来名气最大的猜想，它仍然回答不了宇宙的最初起源和宇宙的最终归宿等基本问题。

从哲学上看，宇宙大爆炸理论有一些前提设定。第一，宇宙万物是从无中生有中出现的，是有一个开端的。第二，我们的宇宙，不是静态不变，而是变化的。这些前提，我们能在一些古老的哲学和宗教神学中看到。

人类的哲学和宗教对宇宙的来源和归宿有自己的解答，但自然科学上，一切仍然还只是猜想，只是根据猜想展开的一些数学计算或模型搭建。在宇宙起源的科学假想和证明上，人类拥有的仍然是各种科幻模型，人类仍在艰难探索。

4. 道家创世论

1993 年 10 月，湖北荆门市郭店村出土 16 篇先秦道家和儒家文献。道家文献中有《老子》（甲、乙、丙），这是目前发现的最古老的老子版本，时间约在公元前 300 年前后。道家文献中，还有与郭店《老子》（丙）竹简形制和书法字体相同的文献《大一生水》篇。

《大一生水》篇上面说：

> 大一生水。水反辅大一，是以成天。天反辅大一，是以成地。

大一生出水，再从水中生出天地万物。这个创世过程继续下去，再创生神明、阴阳、四时、冷热、湿燥、季节等。这是“大一创世论”的观点。

这个创造出水一般能量和宇宙万物的“大一”指的是

什么？学界有不同观点。有人认为指的就是老子所说的“道”。《道德经》中称“道”为“大”为“一”。但也有人认为这是指“太一”，楚人最高神的名称，众神之神。屈原诗歌中有《东皇太一》。《史记》中称“天神贵者太一”，天界众神中最尊贵的神。《史记》记载了汉武帝对“太一”的祭祀情况。

《大一生水》篇中还说：

> 天地者，大一之所生也。是故，大一藏于水，行于时。周而又始，以己为万物母。一缺一盈，以己为万物经。此天之所不能杀，地之所不能厘，阴阳之所不能成。

“大一”创造出天地，为万物之母，为万物之经。“大一”超越天地，独立自在于万物，所以天杀不了“大一”，地埋不了“大一”，阴阳影响不了“大一”。但同时，“大一”的能量又藏于水中，运行于四季之中，运行于万物之中。

这篇《大一生水》与《老子》（丙）一起出土，内容与《道德经》第25章、第42章的内容相同，部分文句一致，很像是对《道德经》的更详细的解释，这对我们理解《道德经》宇宙生成论有重要作用。

《道德经》第25章中说：

有物混成，先天地生。寂呵漻呵，独立而不改，可以为天地母。

“有物混成”中的“混”字，指丰盛的大水。有物混成，即有物成混，为与后面“先天地生”的“生”字押韵而调整了文字的顺序。意思是有一种东西，在创造天地之前，先生成了大水一样的能量。这是一个安静而无限的存在，独立而自在，不改变自己的规则，可以称为天地之母。这即是《大一生水》篇中万物之母“大一”生水的意思。

这个独立不改的主体，这个天地之母，老子取名为自然，自己本来这样，唯一、独立、自在。自然为本源，道为自然之能量，道为自然之法则，所以说道如水而道法自然。

《道德经》第42章：“道生一，一生二，二生三，三生万物。”再次强调宇宙之中本无万物，万物是由道一步步创生出来的。

《道德经》第52章：“天下有始，以为天下母。”说天下万物有一个开始，这个创始天下万物的力量，可称为天下万物之母。

《道德经》中出现“天”字93次，其中74处为天空的意思，但有 19 处指上天的意思，至上神的意思。《道德经》中有 8 处是至上神意义的“天”与“道”的连用。至上神的天，在道的前面，称为“天之道”或“天道”，上天之道。《大一生水》中的“大一”，与神性的“上天”意思相同。

值得关注的是，无论是《大一生水》还是《道德经》，都认为水与创世有关，这与《圣经》上帝创世记及印度教

2015 年 8 月 4 日，联合国秘书长潘基文将自己的书法作品《上善若水》作为生日礼物赠予美国总统奥巴马，当天是奥巴马 54 岁的生日。潘基文十分推崇老子，2011 年连任联合国秘书长时就曾引用老子名言：“天之道，利而不害。人之道，为而不争。”

梵天创世传说，皆有相似之处。它们都认为天地万物由超越万物的造物力量所造，它们都认为造物力量是在水一样的能量基础上创造了天地万物。在这个意义上，老子《道德经》第 8 章中所说的“上善若水”，我们首先要从“大一生水”这样的宇宙观角度去理解。“上善若水”的“水”，指的是如水一样弥漫宇宙的创生能量。

显然，《道德经》的宇宙生成理论，与犹太教、基督教、伊斯兰教和印度教等有相通之处，属于人类创世论思想家族。

从儒家经典中看，儒家也属于创世论思想家族。《诗经》上说：“天生蒸民，有物有则。”上天创生万民，有万物，有规律。《论语》中孔子说：“天何言哉？四时行焉，百物生焉。天何言哉？”四季运行，万物生长，是上天在安排的。《论语》中说：“死生有命，富贵在天。”人的命运由上天决定。

因为相信上天创造世界主宰万物，所以中国历代朝廷才会修建天坛祭祀皇天上帝。因为上天创造世界，决定万物和人类命运，所以孔子才“畏天命”。

道家的老子和儒家的孔子，都是创世论者。

5. 世界起源问题与人生意义

人知道自己会死，因此人总是在灵魂深处寻求生的意义。世界观是人生观的基础。宇宙起源问题，并非只是宇宙学家和哲学家遥远的知识问题，它是每一个人探索人生意义时都必然面对的问题，直接影响着我们对生命意义的看法。

如果宇宙起源于一次“奇点”大爆炸，而且不知道这个“奇点”是怎么来的，那么宇宙万物及生命的起源，就是一场偶然，来得莫明其妙。生命就没有宇宙层面上的意义，生命在宇宙中的出现就毫无目的。在这种情况下，一切意义，都只是人自己的设定，没有客观的超越的依据。生命来到世界，难道就是被粒子偶然给碰撞出来的?

按照缘起论，每个人皆无自我，无自性，只是生灭在不可控制的因缘巨网之中。生命即苦，现实中一切努力皆无意义，这会带来一种对现实世界极度消极的人生观。佛教并不令人绝望的地方是，佛教认为人心中本有佛性，觉悟自身佛性，人可成佛，成佛即超越这个被因缘生灭控制的现实世界，进入无生无灭之世界。这也意味着，有多元宇宙，人可以通过成佛进入另一个宇宙空间。缘起论与成佛论的结合，将人的生命导向否定现世意义，追求超越现世。

按照辩证唯物主义宇宙观，世界是物质的，物质世界在矛盾斗争中进化，人只是物质性的存在，这就将人生导向围绕物质财富和生产资料的持续斗争，这就是唯物论战斗的人生。阶级斗争和不断革命论的学说，是辩证唯物主义在社会领域的政治表现。有什么样的宇宙观，就有什么样的人生观。

人的行为，被人的动机所支配。人的动机，有个人生理动机和社会群体动机。吃穿住行性等，发乎自然本性。社会群体动机，受制于文化取向，受制于社会主流的宇宙观。

犹太教、基督教、伊斯兰教、印度教及《道德经》的创世论的宇宙观，与上述宇宙大爆炸、辩证唯物主义、缘起论等宇宙观不同，创世论的宇宙观会生成什么样的人生观呢?

因为宇宙万物由至上的神圣力量创造，所以人作为被造物，对造物主有感恩之心。宇宙万物和人作为被造物，服务于造物力量的目的，所以人生是有目的的，也因此是有意义的。宇宙万物统一在造物力量上，所以人性一体，本质相通，应相互关爱。因为世界由全能的造物力量所造，所以人对现实是肯定的。因为造物力量是至善的，所以人对未来是有信心的。这些都是创世论宇宙观容易演化出来的人生观。对创世论与人生论的关系，对创世论宇宙观为什么在宗教信仰的洪流中历久不衰，本书第 4 章“人是什么？”将进行更详细的分析。

第3章　世界的秩序是什么？

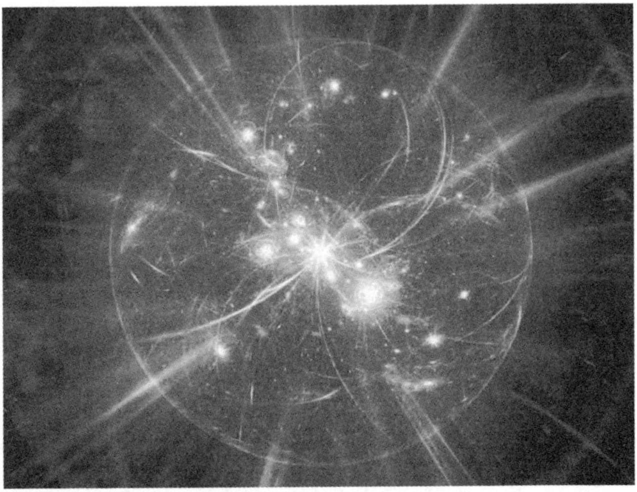

第2章中，我们讲了《道德经》对世界起源的看法。《道德经》认为，这个世界原本不存在，这个世界，是被无形的上天之道，从无中生有中创生出来。

这个被创生出来的世界，是按什么样的规则运行的呢？是按什么样的秩序展开的呢？

相比起世界起源问题上各种纷纭复杂的观点分歧，人类对世界秩序的认知似乎分歧较少一些。对世界的起源，科学还处于猜测假想阶段，任何观点都缺少足够证据，观点分歧较多。但世界运行的规律和秩序，可以观察总结，分歧就少些。

本章介绍《道德经》关于世界秩序的四个主要观点。这四个主要观点，表现在“母与子”、“有与无”、“阴与阳”、“开与阖”四组关系中。

1. 母与子——回到独立永恒的万物之母

凡创世论都有一个特点，都把这个世界分成了造物的力量和被造物，分成了“母与子”或“父与子”，都认为如同孩子源于父母，一切被造物的根源，就在造物力量那儿。《圣经》习惯用“父”来形容造物主，《道德经》七次用“母”来形容创生万物的本源，称之为“万物之母”，但也有三处称之为“父”。

《道德经》第 52 章上说：

> 天下有始，以为天下母。既得其母，以知其子。既知其子，复守其母，没身不殆。

天下万物有一个起源，这个起源即是天下万物之母。理解了天下之母，才能认知祂的孩子。认知了祂的孩子，重新守住万物之母，终生没有危险。

为什么要从“子”回到“母”呢？因为万物之母是因，万物是果；因为万物之母是源，万物是流；因为万物之母是永恒的，万物不是永恒的；因为万物之母是独立的，万物不是独立的；因为万物之母是按照自己的规则行动，而万物顺从万物之母的规则而运行。

把世界分为造物力量与被造物，倡导思想穿透万物的千差万别，感知万物背后共同的本源，从这共同的本源中获得力量，获得宁静，获得规则，获得对万物的超越，这样的世界观和人生观，不仅是《道德经》的，也是《圣经》的，也是印度教《奥义书》的，也是《古兰经》的，是人类文明中普世的观念。

从千差万别之“子”走向共同本源之“母”，就从被创造走向创造，就从依赖走向自在，就从差别走向共性，就从冲突走向和谐，就从短暂走向永恒，就从有限走向无限。但这一切，似乎都只是发生在心灵深处，都只能是内心体认，没有可以呈现出来的方法。这灵魂深处的历险，何时能如电影一样展现出来呢？

2. 有和无——“无”比“有”更为本质

《道德经》把这个世界分为“有”的世界和“无”的世界，并且认为“有”的世界的根源，在那个“无”的世界之中。

所谓“有”的世界，指人类眼、耳、鼻、舌、身等感官能感知的世界。住房衣服食物，大地群山大海，太阳月亮星星，人类动物植物等等，都属于“有”的范围。我们自身就是“有”的一部分，我们生活在一个充满了

“有”的世界之中。

同时，经验告诉我们，我们生活其中的这个“有”的世界，又存在于一个感官难以感知的“无”的世界之中。我们头顶是虚空，日月星辰都运行于虚空之中。这个虚空之中，有什么东西？对我们的感官来说，似乎是“无”，因为感官难以感知那些运行于虚空之中的事物，所以称为“无”。这个“无”，不是指绝对的没有任何东西，不是绝对的“无”，而是指那些我们人类感官难以感知的世界。

今天的物理学推测，在那无限的虚无之中，可能有暗物质和暗能量存在。暗物质可能占宇宙质量的25%，暗能量可能占70%，我们能观测的物质世界，不到宇宙质量的5%。如果我们把暗物质和暗能量的世界称为“无”的世界，把物质世界称为“有”的世界，我们会知道“无”的世界更深远更宏大。

这个“无”的世界里是什么样子？是一个世界还是多个世界？有没有神存在？有没有魔存在？有没有天堂和地狱？这个“无”的世界，我们无法直接观测，难以直接描述。所有这些问题，目前还没有科学答案。

“有”的世界和“无”的世界，是一个什么样的关系呢？《道德经》认为，“有生于无”（40章），“有”的世界，是从“无”的世界中生长出来的。如果用一个比喻，可以说“有”的世界如同大海的浪花，“无”的世界如同大海的水；或者说“有”的世界如同风声，“无”的世界如同空气。《道德经》又说，“有无相生”，“有”和“无”相互生成，相互转换。

我们可不可以用“无”来形容能量的世界，用“有”来形容质量的世界？可不可以把“有无相生”视为能量与质量的转换呢？质量转化为能量，我们好理解。煤燃烧以后，煤的质量就化为能量消失了。能量并没有消灭，而是消失进空气中去了。

无中生有，我们可以理解为无形的能量转化为质量吗？科学上有“希格斯机制”（Higgs mechanism）的解释。粒子在弱相互作用情况下，出现对称性破缺，聚合为质量。这与《道德经》所说“有生于无”的规律有关联吗？

老子重视“无”这个概念，重视“无”和“有”的关系。《道德经》中，出现次数最多的字就是“无”字，共106次。其次就是“有”字，共80次。老子的执政观从宇宙观而来。老子认定“有生于无”，认定这个世界的本源在“无”的世界中，终极的力量和规则在“无”的世界中，所以《道德经》的中心就是讲述“无”的力量和规则，将治理好天下的原则安放在“无”上。以“无”为榜样。“无名”、“无为”等提法，皆从对“无”的创生力量与和谐秩序的认识而来。

正常情况下，我们关心的就是有形的东西。抬头看天空，我们会关心明亮的日月，关心闪烁的星辰，很少有人会去关心日月星辰运行其中的那个“无”的虚空，更少有人会去关注创生出日月星辰的那个“无”的本源。

“有”生于“无”又归于“无”。在“无”的背景下，有形的宇宙万物及各种生命存在形式，如同生灭的浪花，是转瞬即逝的表面现象。我们从哪儿来？我们是谁？我们去哪儿？人类这些终极问题的答案，就深深隐藏在那个目光难以穿透的“无”的世界中。我们无知，是因为不知“无”。

我们无法知道老子的目光为什么能进入这个“无”的世界，但我们知道，一部《道德经》就是勉为其难地想表达清楚这个“无”的世界的规律以及“无”与“有”的关系，让执政者顺应这规律，让个人运用这关系。

抽象的“有”和“无”的宇宙观，在现实生活中怎么运用呢？简单说来，把“无”和“有”这种宇宙观用于现实中，首先是提醒我们，让我们知道，最重要的不是有形的东西，而是无形的东西。例如治理一个企业，最重要的不是厂房设备，甚至也不是已经创造出来的产品和服务，而是人心智中无形的持续创生的力量，是激励不断创生的文化和机制。治理的核心，是需要面对“无”的心智世界的。好的企业治理如此，好的国家治理也如此。

3. 阴与阳——阴阳互动，缺口带来新的创生

提起道家的世界秩序，人们很容易想到太极图。

太极图是著名图案。如果说十字架代表了以基督教为主的西方文化，太极图则在世界上代表了中国文化。太极图中，阴阳平衡，对立统一，你中有我，我中有你，物极必反，相互转换，相反相成，动态均衡，太极图简洁明快地呈现出阴阳平衡的宇宙秩序，显现出深刻的智慧。

阴阳互动，我们现实生活中天天都能看到。例如，夏天与冬天、沙漠与大海、白天与黑夜的平衡。人类之中，

太极图在世界上代表了中国文化。太极图中，阴阳平衡，对立统一，你中有我，我中有你，物极必反，相互转换，相反相成，动态均衡，太极图简洁明快地呈现出阴阳平衡的宇宙秩序，显现出深刻的智慧。

男女数量是不是平衡的？男女平衡，并不是人类计划的产物，而是由深层的自然秩序决定。山东极重男轻女，但似乎也没有出现男女数量长期的不平衡。是谁在控制人类世界中男女的平衡呢？是谁在控制大自然中雌雄的数量平衡呢？控制的规则是存在的，这自然规则远远超越了人类的能力。

阴阳对立，冲气为和。市场经济中，有谁能永远垄断呢？总有对手出现。开放的民主政治之中，也总是两大相反政治力量的长期博弈和互动。就算集权政治的世界，也摆脱不了阴阳互动，内部阴谋冲突不断。中国历史上两三百年一次王朝更迭，这算不算一种时间上的平衡呢？

宋人朱震在《进周易表》中说，太极图是宋朝道士陈抟所传。陈抟生活在公元871—989年，太极图是谁传授给陈抟的？史上没有记载。传说伏羲是太极图原创者，代代相传到陈抟、周敦颐等人后，太极图才从隐秘传承逐渐公之于众。

《易经》以阳爻、阴爻为基础，认为万物现象的差异，是阴阳力量比例不同，这是一种以阴阳互动为秩序基础的宇宙观。《道德经》有“万物负阴而抱阳，冲气以为和”的清晰说法，我们也可将太极图理解为这句话的图形化。太极图的起源，学界仍在研究，尚无定论，但太极图的思想，确实源远流长。

太极图，是中国古人留下的关于宇宙万物运行秩序的图像化描述，清晰地呈现了宇宙相反力量对立统一对称平衡的思想。太极图与《道德经》是什么关系？《道德经》与太极图有相同的思想，如充满在《道德经》中的阴阳对立平衡、相互转换、循环往复等，但也有与太极图不同的地方。太极图给人的印象是，虽然阴阳永远处于相反对立的运动之中，但整体上阴阳力量形成了一个绝对对称的图案，其中没有任何破缺之处。这与物理学发现的“宇称守恒定律”是一致的。

《道德经》第 40 章中，“反也者，道之动”，“反”，是大道运行的规律，讲的是宇宙秩序相反力量的对立平衡。同时《道德经》第 45 章中又说：“大成若缺，其用不弊。”伟大的成就，正好是从平衡的破缺处而出，破缺的用处不会耗竭。平衡中出现的缺口，也即不平衡的出现，在创生上功用无限。“弊”指“竭尽、用完”。伟大的创生来源于平衡的缺口之处，不断打破旧平衡建立新平衡，这是太极图上没有体现出来的。

如果这个世界是绝对的平衡，就意味着这个世界的一切现象，都是百分之百的可以预知，一切不确定性都会消失，这就是一个僵死的系统。任何一种新力量的进入，或者任何一种新的创生在系统内出现，都是对旧系统平衡的一次扰动，都会刺激旧平衡的破缺和更高能量级的新平衡的生成。

从我们经验中可以得知，这个世界上不存在绝对的平衡。我们的双眼、双耳、双手、双脚等大体是平衡的，但不是绝对精确的平衡。人体内部，我们会发现不平衡的存在，例如我们并没有两个对称的心脏。有不平衡，才有能量的流动，才有生命的活力，才有创生的可能，才有未来迷人的不确定性。

人们生活在旧生活系统的平衡中，对打破旧平衡所带来的扰动心有不安，出于对稳定的本能控制欲望，人们对超常规的新事物容易有紧张感。老子知道这种对称平衡的求稳心理，也知道"大成若缺"是创生之道，因此《道德经》告诫执政者要宽容变化，要"复众人之所过"（64章），"复"指宽宥、宽待，意思是宽待众人出现的过失。这些过错中可能出现"大成若缺"的创生，从而推动系统平衡的能级的上升。万物自然之中，有"大成若缺"的规律，所以圣人要"辅万物之自然而不敢为"（64章），要辅助万物的自然本性和秩序，而不敢把自己的意愿强加于自然法则之上。

按照《道德经》"大成若缺"的万物生成观，我们要从正面去理解“抱残守缺”这句成语。抱好守好与众不同的残缺之处，保护好打破旧平衡的地方，不要去压制阻塞。旧平衡中出现的缺口，可能是新的突破口，是新的创生的出口。

“大成若缺”的思想并没有否认太极图，但可以使我们更进一步理解太极图。从“大成若缺”的缺口突破而创生，又会走向新的对立平衡，而不是从根本上颠覆对立平衡这个基本规律。平衡、稳定和有序，仍然是世界的根本。太极图揭示的规律是永恒的，但对太极图需要多层面去理解。

按照《道德经》的宇宙创生观，“道生一,一生二,二生三,三生万物”，本源创生之力生生不息，永在创生，因此宇宙系统永在生长。生长的过程，就是旧系统的平衡不断被打破并重新形成新平衡系统的过程，这是一个持续的螺旋上升的过程，下一次循环与上一次循环之间，总有一个缺口存在。创生发展最终必然导致缺口出现，缺口出现必然带来新的平衡。

大成若缺的现象，在日常生活中很常见。以企业为例，一个静态循环的企业是僵化的，唯有持续的创新才能带来持续的生长。每次成功的创新，企业内部每个人每个团队都可能遭遇新的权利义务关系的调整，企业与外部竞争者的市场生态平衡也会迅速调整。“创新—收益”中贡献较大者，会在竞争的生态位中上升。“创新—收益”中贡献较弱者，会在竞争的生态位中下降。企业如此，家庭如此，市场如此，国家也如此。好的管理，就是深知这种“创生—平衡”的动态机制，因此建立起保护这种开放竞争并自动平衡的制度和文化。坏的制度，就是固化了某种权利义务关系，压制一切可能带来新突破和新平衡的力量。例如中国古代的王权世袭制和长子继承制，目的是减少竞争带来的动荡以维持稳定，但问题是这样牺牲了竞争下的自然平衡，国家无法选择贤才，如果遇上无德无能的王位继承者，国家命运就随之跌落。

4. 开与阖——“开”与创生相连，“阖”与毁灭相伴

开，指开放；阖，指封闭。我们这个世界是开放的还是封闭的？所谓封闭，或是指这个世界是唯一的，这个世界之外不再有其他世界，所以这个世界与其他世界没有能量交换。或者，即使认为有其他世界存在，但我们这个世界如同一个完全封闭的瓶子，一切事件都发生在瓶子内部，与其他世界没有联系，没有沟通，不存在能量交换。

所谓开放，是指我们这个世界的外面，还有其他世界

存在。我们这个世界，与其他世界有能量交换。而且，我们这个世界的生长动能和秩序维护，依靠外部世界的能量流入。如同我们烧热水。想烧热水，就得给能量。过去烧柴，现在用煤气或用电，接通电源或是点燃煤气，热能传入水中，就有了热水。

我们的世界是开放的还是封闭的？回答这样的问题，可不是小事。不同的宇宙观，直接造成我们对宇宙命运的不同看法，也会间接形成我们对人类命运的不同看法以及不同的人生观、价值观。

我们先介绍一种封闭的世界观，然后再来总结《道德经》中开放的世界观。这种封闭的世界观，就是 19 世纪中后期在西方流行的宇宙热寂说。宇宙热寂说是根据热力学第二定理引申而来。我不是自然科学家，在这不是讨论自然科学问题，只是从哲学的角度，从宇宙是开放系统还是封闭系统的角度来看问题。自然科学与哲学关系密切。哲学可能给自然科学一些启发，但哲学观点唯有转为数字化的逻辑推理或实证结论，才能以科学的方式影响世界。哲学会影响科学，同时一些自然科学的发现，会产生重大的哲学影响。

19 世纪初，德国科学家迈尔（Robert Mayer，1814—1878 年）、赫姆霍兹（Hermann von Helmholtz，1821—1894

年）和英国科学家焦耳（James Prescott Joule，1818—1889年）等人提出能量守恒定律：自然界的一切物质都具有能量，能量有各种不同形式，能够从一种形式转化为另一种形式，但在转化过程中，能量的总值不变。

19 世纪中叶，克劳修斯（Rudolf Clausius，1822—1888年）等人在能量守恒定律基础上，提出热力学第二定律：一个孤立系统中，在自然状态下，热量会自发地从较热的地方传递到较冷的地方，系统内部的能量差趋向消失，这个过程不可逆。

克劳修斯用了“熵”这个概念来指称从热到冷的传递过程。“熵”理论的提出，对 19 世纪后期人类思想界产生了重大冲击。“熵”本来只是一个客观物理现象，经验上能被人感知，规律上可以用数学公式表达出来，“熵”理论就是一个科学成果。为什么说“熵”理论对人类哲学家、思想家有重大冲击呢？因为当我们把两个定律合在一起看，就容易生成一种未来死寂的宇宙观，这对过去几千年主流的乐观的宇宙观是一大冲击。

热力学第一定律与热力学第二定律结合在一起就是：宇宙中能量守恒 + 宇宙中熵趋向最大化。

能量守恒的定律，热力学第一定律，假定的是一个封闭孤立的系统，这个系统内能量形式可以转换，但总能量不变，与系统之外不再有能量交换。如果我们把这个假定扩大到整个宇宙，就意味着假定宇宙是一个封闭孤立的系统。在这样的前提下，一个封闭孤立的系统，自然过程是朝着“熵”增加的方向进行，一定是“熵”趋向最大化。系统内部的温差、能量差都消失，一切差别终会全部消失。

“熵”的英文词是 Entropy。“熵”这个中文译字，并不是中国词汇中原有的，是中国物理学家胡刚复独创的。“熵”字左边是“火”旁，指热能差的最后消失。右边是“商”字，“商”与“殇”同音，“殇”指死亡。“熵”意味着热能差消失而进入死灭状态。

克劳修斯（Rudolf Clausius）等人把热力学第一定律及热力学第二定律结合，运用到讨论宇宙命运，提出了“热寂说”。认为我们这个宇宙是一个孤立的封闭系统，所以我们这个宇宙的命运最终就是完全熵化，一切秩序终将崩溃，宇宙寂灭冷却。

这种未来死寂的思想，与人类占主流的创世论思想形成对立。多数创世论思想，都认为宇宙的演化，朝向一个善的目标，走向一个光明未来。以《圣经》中的创世论思想为例，上帝创世，服务于上帝的目的。上帝是爱的力量，因此世界的未来，是进入爱的光明之中。创世论和目的论，是人生存在的信心和意义的来源。宇宙热寂说的提出，却向人类展示出一个绝望的世界未来和人类存在的荒谬感。

绝望和荒谬之中，人们必急于寻求可见的意义；动荡和虚幻之中，人们必急于找到生命的确定性。在宇宙热寂未来绝望的这种精神状态下，极端民族主义在欧洲兴起，正好弥补了宇宙观上的虚无和绝望。民族是实在的，民族的血脉是确定的，民族的胜利是有意义的。虚无和绝望会毁灭人的道德伦理，极端法西斯民族主义横扫欧洲，不仅德国如此，意大利也如此。

人类许多冲突和残暴的行为，背后都有绝望恐惧的心理因素。我们有理由推测，熵理论和宇宙热寂说的提出及其所带来的绝望情绪和虚无主义，可能是上个世纪欧洲发起两次世界大战的重要心理因素。

假定前提——逻辑推理——理论结论，这是任何一个理论系统的三个要点。一般人关心的，只是理论的结论，很少去想逻辑推理是否正确，更不愿去思考其假定前提的问题。我们关注理论，一定要先看假定前提，不要只关心后面的逻辑推理和结论。许多理论的致命错误，或者是其假定前提错误，或者是不顾假定前提的限制条件，越出了假定前提的边界。宇宙热寂说的问题，恰好出在假定前提上。这就是假定我们这个宇宙是个孤立封闭的系统。如果我们承认这个假定，它关于宇宙熵化的逻辑推理和宇宙热寂的结论就是成立的。但问题是：宇宙是一个孤立封闭的系统吗？

热力学第一定律，能量守恒定律，建立在一个假说上：孤立系统内的能量总量不变。这样的假定，使物理学研究有一个固定的参照系，但也容易使人们把假设当成真理，以为这个宇宙真的就是孤立的、封闭的。迄今为止，似乎没有任何科学证据能证明我们这个宇宙是个孤立封闭的系统，相反，有证据证明有能量流入我们的宇宙系统。

如果我们这个宇宙并非孤立系统，如果有源源不断的外部能量进入，而且进入的能量超过了系统内熵化的能量，我们这个宇宙就不仅是可以存续的，而且是可以生长的，我们这个世界的生命秩序就是可以扩展的。

我们这个世界是开还是阖，是开放系统还是封闭系统，这是非常重要的问题，涉及我们对宇宙命运的判断，也涉及我们对人生意义的判断。《道德经》是如何看待这个问题的呢？

《道德经》认为，我们这个世界是被创造出来的，不是封闭的，是开放的，是有外部能量持续不断流入的，所以我们这个世界的趋向，对生命是利而不害的，不断生长，不断突破，不断实现平衡与和谐。《道德经》中不少地方提到我们这个世界的开放性和外部能量的流入的问题。我引用第39章来说明《道德经》开放系统的观点。

> 天得一以清，地得一以宁，神得一以灵，浴得一以盈，万物得一以生，侯王得一而以为天下正。其致之也，谓天无以清，将恐裂。地无以宁，将恐发。神无以灵，将恐歇。浴无以盈，将恐竭。

这段文字列举得到“一”的事物：天得到“一”，所以清明；地得到“一”，所以安宁；神灵得到“一”，所以灵验。溪谷得到“一”，所以能充满水；侯王得到“一”，所以能使天下顺从正道。极而言之，如果缺失了“一”，可说是：天无以清明，恐怕将分裂；地无以安宁，恐怕将爆发；神灵无以灵验，恐怕将消失；溪谷无以满盈，恐怕将枯竭；侯王无以保持高位，恐怕将被颠覆。

《道德经》认为，我们的世界是一个开放的世界，有创生的能量源源不断地流入。如果没有这个外来能量的持续流入，就会天崩地裂宇宙溃败，秩序消失进混沌之中。

有一个至高无上的力量，一种创生的力量、秩序的力量，祂超越于宇宙万物之上，也运行于宇宙万物之中。祂带来能量，维系秩序，战胜了代表死亡的“熵”的力量，老子把这个超越的力量称之“一”。正是这个“一”，无中生有创生宇宙万物，并维系宇宙万物的生长。在“一”的力量扩展中，宇宙在生长，万物在生长，人在不断创生。面对“一”的力量扩展，“熵”的世界节节败退。这个“一”，使宇宙成为生命乐园，不让宇宙变为废墟。这个“一”，让生命繁荣，不让生命毁灭。老子认为，最大的宝就是“慈”，而“一”是宇宙之上，宇宙之中，最大的“慈”的力量。最大的“慈”的力量，就是创生万物、繁育生命、战胜死亡的力量。

如果我们把“熵”理解为魔鬼、破坏和死亡的力量，“一”就是宇宙万物和生命的来源，也是宇宙秩序的基础。如果没有了“一”，天崩地裂，万物消失；没有了“一”，“熵”就化宇宙为尘烬；没有了“一”，魔鬼就毁灭一切，世界进入寂灭，进入死寂的冰冷。

人类主要宗教，都是力求抵达这个“一”，与这个“一”联通。印度教常称梵天为“一”，犹太教、基督教神秘主义，喜欢称上帝为“一”，伊斯兰教苏菲派也称真主为“一”。

在“熵”的致命威胁下，“一”意味着存在，意味着生，意味着生命的繁荣。我们生命中有“一”，就可以克服对“熵”的恐惧。我们知道我们生命之中，有创生的力量，有战胜死亡的力量。我们生来是要创生的，而不是要毁灭的。我们生来是要战胜死亡的，而不是成为死亡的力量。

孤立封闭的世界观，生发出熵理论及宇宙热寂说的虚无绝望的世界命运观。开放交换的世界观，生发出《圣经》《道德经》等伟大经典乐观而有意义的世界命运观。

世界是开放的体系，生长的秩序建立在对外开放和交换能量的基础上。开放=活力，对世界如此，对国家如此，对企业如此，对家庭如此，对个人也如此。一个国家向世界开放和交换，才可能维持自己的持续发展。企业不过是能量流动的渠道或平台，企业运行本质上是一个能量创生和能量交换的过程。个人若不保持流入新知识和信息的习惯，就不知不觉封闭在自己的小世界中，时间一长心智就熵化衰败了。

《道德经》的世界秩序是什么？我们总结了“母与子”、“有与无”、“阴与阳”、“开与阖”四组关系。这四组关系是《道德经》关于世界秩序的主要思想。这样的世界秩序，是哲学的表达，也是宗教的表达，但并非自然科学实证的表达。这种哲学思想对自然科学会有启发性，对我们理解世界，理解我们自己的生命，也会有重要启示作用。《道德经》中宇宙观与人生观合一。了解了《道德经》的世界观，我们就了解了《道德经》的人生观之源。

第4章 人是什么？

1. 从高更的画到《道德经》

1897 年，法国印象派画家高更完成了他创作生涯中最大的一幅油画:《我们从哪里来？我们是谁？我们往哪里去？》。高更认为，他这幅画的意义远远超过他以前所有的画。

2015 年春天，我在波士顿艺术博物馆看到了这幅原画。画很大，占了整整一面墙。画面背景色调是忧郁的蓝色，人物则以鲜艳的橙黄色突显出来。柔亮的婴儿，手伸向知识之果的中年，阴郁的老年。生老病死，开端和结束，生命的戏剧一一展现。背景神秘幽暗，思绪深邃。

那天画厅里人少，四周宁静。站在高更这幅画前，我问自己：对高更的这三个问题，我有答案吗？我有属于自己独特的答案吗？

1897 年，法国印象派画家高更完成了他创作生涯中最大的一幅油画:《我们从哪里来？我们是谁？我们往哪里去？》。

我脑子里扫过人类思想史上对这三个问题的各种回答。给我留下最深印象的，是《圣经》的答案：上帝按自己的形象创造了人，给了人生命的呼吸，让人治理世界万物。最后上帝会回到这个世界，与人类在一起，人类将生活在新天新地之中，不再有眼泪，不再有死亡，不再有哭泣，以前的苦难，都过去了。我们的过去、现在、未来，都源于上帝，都在上帝恩典的护佑之下。面对我们的过去、现在与未来的谜题，这解释明亮而温暖，给人希望、信心和安慰。

如果高更心中有《圣经》这样明朗的解释，他也许就不会画左下角那位在阴郁中流泪的老年人。《圣经》这样的答案，显然不是高更心里的答案。对这些终极问题，高更没有答案，他画出的，是他心中的困惑与迷茫。高更画这幅画的年代，是19世纪末，这是上帝信仰在欧洲消退的时代，是明亮和温暖的精神之光在欧洲消退的时代，是要进入两次世界大战前的欧洲的精神抑郁时代。在高更这幅画里，生命走向死亡，是阴郁悲伤的。

当时我在哈佛大学做研究学者，刚完成《道德经》英文版的翻译初稿，正在修改中，我自然想到《道德经》。我们从哪里来？我们是谁？我们往哪里去？《道德经》是如何回答这些问题呢？我一下把自己给问住了，没有现成答案。关于道家的人性论，学者们发表过许多文章，但似乎没有人从"我们从哪里来？我们是谁？我们到哪里去？"这样的角度去对《道德经》进行分析。我意识到对《道德经》研究来说，这是一个新问题，得我自己去回答。

人们总忙于解决眼前的问题，很少能静下心来，向自己提出一些大问题。当我们能静静心，开始向自己提些大问题的时候，我们有可能体会到自己知识的边界。如同离开了有光亮的地方，眼前是一个黑暗的世界，这世界的黑暗之中有些什么？面对这深层的黑暗，我们拥有的只是无知。面对这黑暗的无知不是紧张，而保有求知的好奇，那我们就算是幸运者了。智慧，是从认识自己知识的边界开始的，是从知道自己无知后的探索开始的。

不思考这些大问题，会影响我们生活的品质吗？这要看我们对生活是如何定义的？如果将生活定义为“食色性也”，那就不会有什么影响。小猫小狗等动物们似乎不需要思考这些大问题，它们求生，寻找食物，争夺配偶，养育后代，代代相续。但如果我们并不满足于猫狗式的生活态度，我们认为人的生命中还有超越动物本能的更深层或更高层的生活形态，我们要探索人类生命更深的奥秘和更高的价值，那么，不思考上述这些大问题，我们就无法扇动灵魂的翅膀，我们精神的生命就无法起飞。

人类文明史告诉我们，引领人类文明发展的民族，往往是具有极强的信仰追求和理论抽象能力的民族。他们对世界的奥秘充满兴趣，关注那些看似虚幻的信仰问题，思考那些看似无用的纯知识问题，这种追求和思考的结果，往往使人类心智具有方向感和理性能力，也由此产生强大的现实力量。

回顾中国精神史，我们会知道，老子时代的中国人，其精神高度与人类最超越的精神处于同样的高位。老子与其同时代的古希腊数论奠基人毕达哥拉斯，古印度佛教创始人释迦牟尼，他们的思想皆为人类精神的高峰。我们学习《道德经》，或许也是一种精神的回位，让我们的精神回到中国历史上的高位，回到抽象思维能力的高位，回到务虚精神能力的高位，使我们恢复精神的高势能。

“逝水如斯乎，不舍昼夜”，“人生代代无穷已，江月年年只相似。不知江月待何人，但见长江送流水”，从孔夫子到唐朝诗人张若虚，他们都感叹生命不可逆的流逝。短暂的生命，如同永恒的时间河流中的浪花，生生灭灭。对生命无可奈何流逝的感叹，流动在中国精神的长河中。人从哪里来？人是谁？人到哪儿去？中国诸子百家对这些问题的思考，散落在他们的著作中。《论语》《庄子》等都有记载，而《道德经》的思考最为深入。

没有一定的精神高位势能，中国文明不会绵延至今。中国诸子百家之中，最务虚，最抽象，内在精神势能最高的就是《道德经》。下面我们具体分析《道德经》对“我们从哪里来？我们是谁？我们到哪里去？”这些问题的回答。

2. 我们从哪里来?

我们从哪里来？《道德经》是如何回答这个问题的？

在本书第 2 章中，已经介绍过《道德经》的宇宙起源论。在回答世界从哪里来这个问题上，《道德经》属于人类思想史上的“创世论”家族，认为宇宙万物是被创生出来的。宇宙万物出现之前，是“无”，宇宙万物出现，是“有生于无”（40章），是“无中生有”。

《道德经》第42章中说：“道生一，一生二，二生三，三生万物。”有形的万物，生于无形的“道”。“道”为天地之母，为万物之母。老子说自己“而贵食母”，从万物之母处获得生命的食物。人属于万物之一，与万物一起，生于无形的创生之母，生于天道的力量。

《圣经》上说：上帝按自己的形象，做成泥人，然后将自己的灵气吹入泥人的身体中，泥人就成了有上帝之灵的活人。这是一种形象的描述，核心观点是上帝创造宇宙万物，上帝创造人。

与《圣经》不同，《道德经》关于天地万物来源的描述是抽象的。《道德经》的创世论中，没有具体讲到人的来源，而是将人视为万物中的一个类别，将人的来源笼统放入了天地万物的来源之中。

人在万物的概念之中，这在中国古代哲学中是普遍的看法，如战国时期的道家著作《列子》一书中所说：“天生万物，唯人为贵。”儒家《礼记》中也说：“万物本乎天，人本乎祖，此所以配上帝也。”万物的本源在上天，人的本源在祖先，所以祭祀上帝时，以祖先灵位配祭。

与《圣经》创世论相同的是,《道德经》认为万物源于一个本源的超越性的创生的力量。这个终极的力量,《道德经》称之为“道”,也称之为“天之道”,上天之道。天之道,意味着“道”的本源在“天”,“道”为“天”的力量和秩序的表现。“道”为客观自然的规律和秩序,“天”是能动的创生和主宰的力量。在这个意义上,宇宙万物和人,皆源于“天”。这正是《诗经》中说的:“天生蒸民,有物有则。”上天生出众民,有物质形态,有运行规则。

《道德经》中的“天之道”或“天道”这个概念,让我想起《圣经·约翰福音》中的开篇:

> 太初有道,道与上帝同在,道就是上帝。这道太初与上帝同在。万物是藉着祂造的;凡被造的,没有一样不是藉着祂造的。生命在祂里头,这生命就是人的光。

《圣经》中“上帝”与“道”的关系,与《道德经》中“天”与“道”的关系,在结构上有没有一些近似之处?我在《上帝在中国源流考》一书中对这种结构上的相似性有过分析。能动性的创生的主体(称之为上帝或天),以客观自然的“道”的力量和规律创生万物。

我们从哪里来?《道德经》的回答是:万物从道而来,

从上天之道而生。我们从道而来，从上天之道而生。

3. 我们是谁？——西方人性论四种代表性的观点

我们是谁？人类有影响的思想家，对人性多有自己的定义。我们是讲课，不是写专业学术论文，在此我不对人类人性论的思想史进行详细分析，只选取西方四种代表性的观点介绍一下，目的是建立一个《道德经》人性论的参照系，以便更好理解《道德经》关于“我们是谁？”的思考。

（1）人的本质是信仰

第一种是《圣经》的看法。《圣经·哥林多前书》中，保罗这样写：“岂不知你们的身子就是圣灵的殿吗？这圣灵是从上帝而来，住在你们里头的。”（林前 6:19）对保罗来说，人性由两部分构成，一部分是身体，一部分是圣灵。肉体源于泥土归于泥土，身体就是圣灵的殿，是圣灵安居的地方。洁净你的身体，使你的身体健康，管理好圣灵之殿。但生命的本质，在圣灵而不在身体。身体会朽坏，灵魂可永恒。信仰，是圣灵的生活，生命永恒的根本。唯有以信仰支配生命的时候，生命才进入永恒的本质之中。一部《圣经》，将人对上帝的信仰，将灵性的生命，视为人性最深层的本质，认为唯有在信仰之中，人才成其为人。我们是谁？我们是信仰上帝的灵体。《圣经》这种以信仰为核心的人性观，对西方基督教世界影响深远。

（2）人的本质是理性

第二种是古希腊哲学家柏拉图的看法。柏拉图（公元前427年—公元前347年）认为，现实世界是无形的理念世界的物化。人由三部分构成，理性、情感和欲望。人的理性可以认识理念世界，当人的理性控制住人的情感和欲望时，人才生活在人的理性本质之中。生活在理性之中，才生活在人的本质之中。17世纪法国思想家笛卡尔“我思故我在”的说法，只是柏拉图思想的历史回响。我们是谁？我们的本质，是理性生命体，我们就是理性。理性思维是什么？理性思维以几何学和数学为代表。若你认同理性人性论，你会学习数学，学习科学，用科学思维来面对世界。

柏拉图认为人的本质为理性的理性论观点，与《圣经》的信仰论一样，对西方心灵产生了深刻影响。我们甚至可以说，信仰与理性的关系，是西方人性论思考中最核心的一对关系。

（3）人的本质是上帝的理性

第三种是信仰与理性融合的人性论。基督教兴起后，西方人不断寻求犹太—基督教信仰文化与古希腊—罗马理性文化的融合，直到建立起信仰和理性一体的融合人性论。这种融合人性论认为，上帝赋予人类以理性，理性是上帝的法则。人生之路，就是“信仰上帝，遵从理性”。经过中世纪基督教神学家托马斯·阿奎纳（Thomas Aquinas，约1225—1274年）等人的努力，这种融合在17、18世纪的“上帝理性论”（Deism）中逐渐完成。Deism这个概念很难翻译。一般译为“自然神论”，但似乎并不确切，我觉得译为“上帝理性论”更准确些。之所以这么说，是因为Deism认为，宇宙万物由上帝创造，上帝并不任性，而是用客观的理性秩序来治理宇宙万物，上帝赋予人类理性去认识和顺从这客观的理性秩序。所以Deism不太相信宗教中的神迹故事，也不太重视教会的宗教仪式。极端一点的上帝理性论者，信上帝、信理性而不信教会。上帝理性论也可以算是基督教传统与启蒙运动精神的结合。18世纪后期美国建国者中，如华盛顿、杰弗逊、汉密尔顿、潘恩等重要人物都明确信奉“上帝理性论”。所以，代表美国精神的《独立宣言》及后来的美国宪法，都是以“上帝理性论”观点为基础的，强调的是对上帝及其自然法的遵从。自然法，即自然规律，人的理性可以理解的自然规律。自然规律，源于上帝，是上帝的法则。要理解上帝的自然法，就得靠理性。“理性上帝论”者，特别反对宗教压迫，强调对多种宗教形式的宽容。迄今为止，这种“理性上帝论”在美国仍然有深远影响。

（4）人的本质是生物本能

第四种是 19 世纪兴起的生物本能论。《圣经》的信仰人性论与古希腊的理性人性论，是西方历史上最有代表性的人性论。19 世纪以后，西方的人性论思想出现了力求摆脱信仰人性论和理性人性论制约的路子，转而走上了强调生命本能的方向。西方人性论研究范式转移，出现数种有影响力的生物本能论，层层强化生物本能冲动。

1819 年，德国哲学家叔本华出版《作为意志和表象的世界》，强调人性的生存意志，求生存和繁衍的意志，把“意志”提升为人性的本质。若认同叔本华的人性论，你就会为生存繁衍去斗争。

1859 年，英国生物学家达尔文发表《物种起源》，书名全称是《论借助自然选择或生存斗争保存种性的物种起源》，阐述了生物通过进化来面对生存竞争的进化论。这本书影响深远，将西方 2000 多年以信仰和理性为核心层面的人性论拉向了生物生存斗争这个层面。认同达尔文进化论，你就会为生存竞争去努力。进化论迄今仍是世界许多国家教科书认同的理论。

1885年德国哲学家尼采完成了《查拉图斯特拉如是说》一书。尼采在叔本华“生存意志论”基础上，进一步提升“权力意志”的概念，认为人性的核心就是征服他人的权力意志。尼采批判上帝信仰，批判理性思维，宣称“上帝死了”。认为“理性”是虚伪，宣称以“权力意志”为核心重建价值观，强调权力意志的“超人”才是人类的希望。认同尼采的权力意志理论，就会以暴力去征服他人。

在这种生命本能的思想范式下，1899年弗洛伊德出版《梦的解析》，将人性分为“本我”、“自我”和“超我”三部分。“本我”指人以食欲和性欲为本能的冲动，性欲表现尤为强烈，只顾寻求欲望的满足；“超我”指社会对“本我”进行管制的社会伦理和法律；“自我”则是人性现实理性功利的部分，协调着“本我”的冲动与“超我”的控制。

对弗洛伊德来说，《圣经》的“信仰”和柏拉图的“理性”，都属于社会对人的欲望进行管制的“超我”的部分。弗洛伊德把生命的本质定位在食色之上，并且认为“超我”对“本我”的过分压抑，是人类精神疾病产生的根源。如果以西方人性论历史来看，弗洛伊德认为，基督教的“信仰”和古希腊的“理性”，由于压抑人的“本我”的性欲本能冲动，造成了人类的精神疾病和不幸福。

认同弗洛伊德理论，为了你自己的精神健康，会去满足你自然的性欲冲动，同时对他人性欲的释放和满足也应当宽容。弗洛伊德理论与西方后来的性解放运动关系密切。

西方 19 世纪“生物人性”思想的百年发展，与之前 2000 多年的“信仰人性”和“理性人性”严重对立，走上了生存意志、生存斗争、权力意志、生理本能的方向。物竞天择，适者生存。这为后来两次世界大战积累了为生存空间而战的观念和情绪。

当我们全面观察人性的表现时，我们会知道，信仰、理性、生存繁衍、权力意志、生存斗争等，都是人性的表现。但西方人性论历史的变迁告诉我们，西方思想史有一种“历史单向度变革”的特征，在一个特定的历史阶段，西方思想主流会特别集中强调人性的某个层面或某个特性，社会状况因此出现单向度的重大变迁。西方思想史，充满着历史的变革。德国思想家黑格尔说：“中国的历史从本质上看是没有历史的，它只是君主覆灭的一再重复而已。”从思想史的变革来看，中国确实缺少历史的变革。

春秋战国诸子百家奠定了中国人性论的基础，以后除了东汉佛教进入中国带来思想的变化外，中国思想史上的人性论几乎没有什么重大变迁，中国思想史似乎没有西方这种“历史单向度变革”的阶段性特征。

4. 我们是谁？——《道德经》的“道器论”

了解西方具有代表性的四种人性论及其历史演变，有助于我们观察《道德经》的人性论。我们是谁？《道德经》是如何回答的？《道德经》并没有这样提出问题，也没有集中回答这个问题。但我们可以从《道德经》涉及人性的论述中，总结出《道德经》的人性论。我把《道德经》的人性论总结为“道器论”。我解释一下。

《道德经》第51章中说：

> 道生之而德畜之，物形之而器成之，是以万物尊道而贵德。

“道”把天地万物创生出来，用“德”畜养万物，以物质形态（物）把万物呈现出来，以器用功能的方式（器）使万物得以成就。

宇宙万物的生成、运行和走向，由“道、德、物、器”四个因素所决定。这是万物的四个方面，也是人性的四个方面。这四个方面中，比较好理解的是“物”的方面，物质形态。我们生活在物质世界之中，有形的万物呈现在我们眼前，《道德经》把万物又称之为“有”，有形的存在。我们人活着的时候，以身体的物质形式存在。

“器”比“物”要难理解一些。“器”，就是器用，作用，功能。耶稣说：“我实实在在地告诉你们，一粒麦子不落在地里死了，仍旧是一粒。若死了，就结出许多子粒来。”一粒麦子的器用，就是结出许多粒麦子来。这就是这粒麦子的“器成之”。

马哈鱼长途跋涉，逆流而上，躲过重重风险，抵达河流产卵处。完成产卵后，很快死亡。孵化出来的小鱼靠吃母体长大，再顺流而下进入大海。母马哈鱼产卵并用身体供养小鱼，使马哈鱼这一物种得以持续生存，这是马哈鱼生命的成全，是马哈鱼的“器成之”。

凡物皆有器用。万事万物，无论大小，在宇宙秩序之中，都有上帝设定的器用。实现这种器用，实现这种功能，就是万物的成全。人在世界上，也有自己命定的器用，实现这种器用，实现这种作用，就是个体生命的成全。人最大的自尊和幸福，在于自己成器，在于自己有用，对亲人有用，对社会有用，对人有用，对上帝有用。人最大的自卑和痛苦，就在于自己不成器、自己无用，对亲人无用，对朋友无用，对世界无用，对上帝无用。无用感，会摧毁一个人存在的意义。我们是谁？我们就是“物”，一种生物体。我们的价值何在？我们这种生物体存在的价值，在于成器，具有器用，在于有用。是什么力量化出我们这样的生物体并且驱使我们一定要有用呢？《道德经》认为，这是“道德”。

“道”把我们生出来，以“德”来畜养我们。我们是“道”的物化体，我们身上有源自“道”和“德”的力量。如果我们以水来比喻这创生的能量，我们可以说，“道”是创生的水源，“德”为创生的水流，万物和生命为“道德”源流的物质转化，万物和生命的价值在于其器用。要成器，有功用，服务于宇宙生命秩序的生长和繁育。“道、德、物、器”四个方面，如果我们把“德、物”这两个中间的过程环节拿掉，剩下的就是本原的“道”和终极指向的“器”，就是“道器”。我们是谁？我们就是“道器”，也就是“道之器皿”，生命不过是展现“道”的器用，成全“道”的功用。

《道德经》这种“道器论”的人性论，与前面分析过的西方四种代表性的人性论似乎有很大差异。“道器论”不是从人性的某个特质出发，而是从人性的作用出发的。《道德经》的“道器论”似乎可以接纳上述四种具有代表性的人性论。

例如，对《圣经》的“信仰人性论”，《道德经》不会排斥，《道德经》只关心这种人性论的“器用”，其作用点在哪儿？《道德经》不会拒绝柏拉图的“理性人性论”，只关心这种“理性人性论”的效用。同样，《道德经》只会从器用的角度，去看待叔本华“生存意志论”，达尔文生存斗争的“进化论”，尼采“权力意志”以及弗洛伊德的“本我—自我—超我”。一切皆为器皿，一切皆为工具，要从器皿的效用，来反过来判断器皿的价值。

美国19世纪后期兴起的实用主义思想，很接近《道德经》这种器用论的思想，也是从效用的角度来对真理进行评判。

《道德经》从效用出发来判断一切的器用思想，是有方向限制的。限制这个方向的，就是“道”。“道、德、物、器”，“道”是本原的力量和规则，“器”是最终的效用表现。“道器”是一种由“道”所规定的器用。

既然人是“道”的器皿，是“道”的工具，命运是实现“道”的功用，人这个器皿的效用指向，是由“道”决定的，那么我们只有先确定“道”的内涵，才能确定了人的内涵。分析《道德经》的人性论，就要从分析《道德经》的“道论”入手。与人性有关的“道”的特征是什么呢？

5.《道德经》“生—冲—和”的人性观

对“道”的特征的描述,《道德经》第 42 章是最重要的一章。《道德经》第 42 章中这样说:

> 道生一,一生二,二生三,三生万物。万物负阴而抱阳,冲气以为和。

我们可以总结一下“道”的特征。“道生一,一生二,二生三,三生万物”,本质就是“生”,生生不息,持续不断地创生万物。所以“道”的首要特征是“生”,生一,生二,生三,生万物。

其次,“道”的特征是“万物负阴而抱阳,冲气以为和”。负阴抱阳,阴阳二气相冲,作用力和反作用力相互作用,互动竞争,对立冲突,制约均衡。我们可以将“道”这种相反力量的对立平衡的特征称为“冲”,即冲突或竞争。

这种竞争冲突的结果,并不是系统的崩溃,而是相互的制约与平衡,这就是“冲气以为和”。“和”,就是和谐。和谐,就是各互动主体间的平衡状态。用英文来表达就是 Check and Balance。“道”的核心特征,由“生—冲—和”这三个字组成,即“创生—对冲—平衡”。这是“道”的特征，是宇宙的秩序，是万物的倾向，是人命运的方向。

人为“道器”，其器用的方向，由“生—冲—和”的特征所决定。人的器用，就是在“生—冲—和”秩序中的作用。任何一次新的创生，都会带来新的对冲，也会带来新的平衡，人生的方向，就是生生不息的创生、对冲与平衡。从这个意义上，人生如果没有创生，没有对冲，没有竞争中的平衡，生命就偏离了命定的方向。

在自然状态下，我们绝大多数人，都自觉不自觉会卷入“生—冲—和”的洪流之中。从生儿育女到事业的创造，从爱情的竞争到事业的竞争，从家庭到社会各方面关系的平衡调整。所以，《道德经》“生—冲—和”的人性观，本是人性自然表现抽象的概括。

我们对比一下《道德经》“生—冲—和”的人性论与前面所讲的西方四种代表性的人性论，我们会发现一种深刻的差异。这种深刻的差异是，西方人性论具有单向度的特征，无论是强调信仰或理性，还是强调意志和性欲，都是特别集中地强调人性某个层面或某个方面的特征，而且阶段性地通过否定传统的看法来走向新的方向。这种单向度的特征，这种不断对原有主流观念进行否定的习惯，常造成社会围绕某个特定目标的阶段性的大调整，意味着对人性和社会的历史性改造。

《道德经》的“生—冲—和”的人性论，并非从人性中抽取某个特征予以特别地强调，而是对人性自然演化的抽象描述，这是一种对自然人性的理解和接受的态度。其背后的逻辑是，不去高抬某个特征并以此去强力改造人和社会，而是认为当人性不受干预，人性本身就是最有创生活力的，就是最美好的，就是最和谐的。《道德经》第 64 章中说圣人“能辅万物之自然而不敢为”。圣人不敢去改造自然的人性，而是辅助和成就自然的人性。面对自然的人性，《道德经》的态度是观察、理解、接受和辅助，不去领导和改造自然人性，而去保护自然人性力量的释放。

《道德经》第 51 章中说:

> 是以万物尊道而贵德。道之尊，德之贵也，夫莫之爵而恒自然也。

万物都以“道”为尊，以“德”为贵。为什么万物以道为尊？因为万物由“道”所生。为什么万物以“德”为贵？因为万物由“德”所养。万物需要道德，就如同我们需要空气和水一样。“道”的“尊”，“德”的“贵”，万物尊道贵德，并不是因为有谁给予了它们以尊贵的爵位去激励它们，而是由万物“道”与“德”的自然本性使然。

万物走向“道德”，归向“道德”，这是客观规律。如同控制日月星辰运行的物质规律一样，“道德”是必然存在的客观规律。万物如此，人也如此，走向“道德”，这本是人性的必然。人性本道德，道德是人性的本质。“道德”在万物和人性中的表现，就是“生—冲—和”，所以不用任何人为的激励，只要朝廷清静无为，不去干预，人性自然走向“生—冲—和”。

《道德经》57 章：

> 是以圣人之言曰：我无事而民自富，我无为而民自化，我好静而民自正，我无欲而民自朴。

君王朝廷无事，民众自己会富裕起来；君王朝廷无为，民众会向文明变化；君王朝廷清静，民众自己会走向正道；君王朝廷无欲，民众自然会纯朴。

“无为而治”的概念，简单理解起来，就是政府不要去干预民众，给民众自主空间，任其自然。这样的前提，建立在对民众人性信任的基础上。相信民众在自由自主的情况下，会发展经济，使自己和国家富强，会自发建立起一个和谐世界。

为什么老子对自然人性有如此之信任呢？古往今来，人类争名夺利，血腥冲突，老子知道吗？老子当然知道。《道德经》5000 多字，就出现了 10 个“杀”字。《道德经》

第 30 章中说：“师之所处，荆棘生之。”战场之地，荆棘丛生。老子对人类冲突有深刻认识，但同时他又极度相信自然人性之繁荣与和谐。这是因为老子认为，人类的冲突和社会的动荡，并非一种人性的必然，而是错误的国家权力干预扭曲人性的结果。人间的冲突与扭曲，是因为朝廷不尊重他人的自然人性，是因为存在反自然人性的行为，是因为自然人性受到“非道”力量的干预和破坏。最容易扭曲破坏人自然本性的，是朝廷支配民众的强制性力量，所以老子倡导朝廷无为而治，不侵扰民众。

唯有当民众拥有自立自主的长期生活预期时，他们心智中的“生—冲—和”才会引导人走上自富、自化、自正、自朴之路，他们也才能实现他们作为“道器”的命运。用现代术语表达，就是唯有当民众确信自己是自由的时候，民众才会真正承担起责任，从而走上自立、创造与和谐之路，成为如上天一样的善利万物的力量。

6. 我们往哪里去？——宇宙的目的

我们生产任何器皿，都是为了具体功用的目的。生产陶碗是为了盛食物，生产房屋是为了居住，生产衣服是为了蔽体保暖。人类生产各式各样产品，各有其特定功能，但当我们把所有这些产品的功能汇总起来，我们会知道，所有这些复杂的产品，都是为了服务人的生命需要。凡不能有效服务生命需要的产品，都会被淘汰。人类市场秩序中生产的竞争，说到底就是更好地服务生命需要的竞争。

人自身也同样如此，一切都围绕相互效力在运行。人类社会中，每个人的价值都在于对他人的有用性。每个人的地位都随着他对社会的有用性而变化。生态系统中，万物以有用性而相互依存。生态学的研究逐渐将大自然物种间相互有用的关系一点点揭示出来。植物长叶开花，蝴蝶吃叶子花蜜，这是植物效力于蝴蝶。蝴蝶虽小，却因传播花粉而对植物的繁殖具有重要作用。大自然中没有任何一样事物是没有用的，万物相互效力，万物皆处于一个严密的互为器用的生长网络之中。

《道德经》认为，万物成就在器用上。宇宙万物皆为天道之器皿，每种事物都有其作用，我们要从万物的器用角度来判定万物存在的意义。器用的观点，很自然地会把我们引向一个推论：宇宙的演化是有方向的，宇宙是有目的的。这种观点，就是被称为“目的论”的宇宙观。而宇宙万物之器用的总和，是指向一个什么样的大目的呢？

人创造任何事物，都是有目的的。上天创生出宇宙万物和人类，会没有目的吗？人类所有创世论的宇宙观，都自觉不自觉指向目的论的宇宙观。我们往哪里去？这个问题，只能在宇宙的目的中去思考。

认为宇宙有一个宏大目的，认为万物的演化指向这个宏大目的，认为万物之间的关系由这宏大目的所决定，这样的宇宙观称为目的论的宇宙观。目的论的宇宙观是人类对宇宙未来的主流看法，《圣经》持这种观点，古希腊苏格拉底、柏拉图和亚里斯多德持这种观点，18世纪德国哲学家康德和黑格尔等也持这种观点。亚里斯多德将世界的产生和运行分为四大原因：形式因、质料因、动力因和目的因，并且认为目的因是万物的走向，具有决定性的意义。亚里斯多德因此成为西方哲学史上目的论的奠基人。虽然西方现代哲学常以无目的不确定性观念来消解传统的目的论的确定性，但目的论及确定性仍是西方心灵的主流。

老子与亚里斯多德一样，属于目的论者。“道生一，一生二，二生三，三生万物”，“道”生生不息，我们所处的宇宙是一个持续生长的宇宙。万物负阴而抱阳，我们所处的宇宙是一个平衡和谐的宇宙。依此我们可以推论：宇宙的目的，就是“生”的力量的上升，就是“和”的秩序的扩展。

不针对“死”，我们难理解“生”。不针对“混沌”，我们难理解“秩序”。宇宙热寂说的提出，我们从中会听到“死”的力量在宇宙中进逼，我们会看到混沌的力量在暗地里消磨宇宙的秩序。在这个意义上，上天之道生生不息，宇宙的目的就是“生”战胜“死”，就是“和”战胜“乱”，就是生命和谐的秩序战胜死亡无序的混沌。

按《道德经》所说，“道”是永恒自在、“独立而不改”的创生力量，人类身为“道”之器皿，实现“道”之器用，就自然走向“生—冲—和”的方向。

道无处不在，道独立不改，道永恒自在，我们每个人身上，是不是也应该会有独立不改、永恒自在的本性？我们会不会因道之永恒而永恒，因道之独立而独立？我们会不会因道而创生、因道而和谐？

《道德经》第59章认为，走向万物之母，就是“深根固柢，长生久视之道”，把根扎深，把根系巩固，就是长生之道。《道德经》第33章认为，“不失其所者久。死而不亡者寿”。生命不失其所在，即可长久。身体消失而精神不灭，就是长寿。《道德经》第50章中说，“善执生者”，即善于守护生命的人，没有可以致其死亡的地方，可以进入“无死地”的状态。

《道德经》这些神秘的说法，是指现实生命的安全，还是指向生命的永恒？行道者乃道之器，“道”通过行道者体现，从“行道者”与“道”合一的角度看，从后来道教奉老子为祖师而修炼长生不老之术的实践来看，《道德经》似乎以隐秘的语言，表达了生命中隐藏着通往永恒的通道。

《道德经》第 79 章说：“天道无亲，恒与善人。”天道并不亲近谁，总与行善之人同在。我们从哪里来？我们是谁？我们往哪里去？《道德经》的回答是：我们是天道之器皿，我们承载着天道的力量和秩序，我们的本性会释放出“创生—对冲—和谐”的力量，我们是战胜死亡、战胜混沌的生命体，我们有可能独立自在，走向生命永恒的方向。

7. 认识你自己

德尔菲是古希腊的祭祀中心，公元前 14 世纪到公元

德尔菲神庙建筑群

前 11 世纪即已开始形成神庙群。在神庙建筑群上，传说原来镌刻有六百多条神谕，现在还保存下来 147 条。神谕中有“跟从上帝”、“服从法律”、“做你自己”、“选择神圣”、“追求正义”、“追求荣誉”、“尊重自己”、“行而无悔”、“做属于自己的事”等等。其中最有名的神谕，是刻在阿波罗神庙上的“认识你自己”。认识自己看似容易，实则很困难。

公元前 6 世纪的古希腊哲学家毕达哥拉斯说：“认识你自己，你就能认识宇宙和上帝。”毕达哥拉斯认为人来源于宇宙和上帝，上帝和宇宙的本性深藏在人性之中。16 世纪新教改革家加尔文（John Calvin）说：“认识上帝与认识我们自己，紧密捆绑在一起。但我们要把认识上帝放在首位，其次才能认识自己。”

他们都认为，人在宇宙系统之中，宇宙的起源就是人的起源，宇宙的本性决定着人性，宇宙的命运决定着人的命运。因此，认识人性，不能仅从人本身的表现来判断，而要将人放入宇宙和上帝的背景中来判断。老子也是如此，老子将人放在天道本源和宇宙秩序中来思考，从天道创生与平衡的宏大秩序中，来判断人性中天然的创生力量与平衡的内在秩序。

《圣经》中的造物主上帝，是一位创造的上帝，是一位维护公正秩序的上帝。上帝说“要有光就有了光”，上帝让正义如滚滚洪水流入世界。

《道德经》中的造物力量，是创生的力量，是生生不息的创生的力量，是给世界带来和谐秩序的永恒平衡的力量。

《圣经》认为，我们只能在上帝的宏图中才能找到生命的意义。生命的意义，就是信仰和追随上帝的目的。《道德经》认为，天道创生万物，善利万物，生命的意义，就在于认识和释放人性中创生万物和善利生命的本源力量。

两者之间，表达方式不同，但有没有一种内在的相通呢？它们都谈到万物和生命的神圣来源，都肯定造物力量在万物和生命中的存在，都认为万物和生命有一种和谐向善的走向。

如果高更认同《道德经》的人性观，他将把人视为“道器”，他将画出人“生—冲—和”的状态，画出人进入永恒欢乐的画面。那样的画面应当散发着柔和的光，充满生命活力的色彩，流露出沉静的和谐感，背景色调应该不会是忧郁的灰蓝色，画面中的老人也不会流着阴郁的泪水。

谁来画一幅生命“生—冲—和”的壮丽画卷？也许，我们可以等待“生—冲—和”成为主流人性论的时代，我们等待有画家领悟到上天之道的宏大指向，体会到生命中天道力量的震荡与推进。

第5章 实现无为而治的九条法则

前面四章，讲的多是理论，本章讲实践，讲操作。老子是着眼于国家治理的人，老子关于宇宙奥秘和人性的思考，最终都落实在他的治理措施上。老子的执政观，老子的治国哲学，建立在他的宇宙观和人性观之上。我们前面总结了老子的世界观和人性观，有了这个条件，我们就可以分析老子的执政观了。

本章是学以致用，是将前四章的内容进行概括总结，运用于治理的实践，一些内容看起来会与前四章中一些内容重复。我把本章视为独立的一章，就独立完整的结构来说，对前四章中许多内容的引述是必要的。

索绪尔语言学告诉我们，文句的意思，要放在全章的结构下才能准确定位。本章引述前四章讲过的一些资料和观点，放在本章的结构中，会展现出不同的功能。本章对前四章的内容有重复，但不是简单重复，是为了完整地讲清楚如何去实现老子的治理哲学。

说起老子的执政观或治理哲学，大家都知道，这就是“无为而治”。大家或多或少会知道无为而治的大意，就是朝廷少干预，让民众有更多自主空间去自己做事。但仅仅知道这一点，并不意味着完整理解了什么是无为而治，更不意味着就已经会践行无为而治了。

中国历史上被称为盛世的时期，似乎总是与无为而治的执政实践有关，但中国历史上的盛世也确实不多，说明无为而治并不好掌握。不好掌握的原因，一是对无为而治缺少系统的了解，还有就是无为而治的做法，很挑战执政者的人性，要求执政者有极高的自控能力。

无为而治是中国历史上最深奥的君人之术，历代统治者都希望能掌握它的奥秘，但历史上能见到的无为而治并不算多，大都出现在历代王朝的开国君臣治理的时期。以后那些生于深宫之中，不知世事艰难的君王就有些把握不住了。无为而治难，除了君王朝臣控制不住扩大自己权力利益的冲动之外，还有思想上对无为而治的理解不够清晰不够彻底的原因。今天我们会讲清楚无为而治，我们先在思想上清晰起来。如果知道了什么是正确的方向，而且道路也并不太难走，但就是走不下去，就是坚持不下去，那就不是思想问题，而是性格和意志的问题。

为了让大家好记，我把如何实现无为而治总结为九条法则。这九条法则，从思想到实践都有，这是对老子宇宙观和人性观的思想理解和具体运用。

这九条法则是：独立不改，创生万物，利而不害，尊道贵德，辅助自然，阴阳对冲，大成若缺，铦袭杀之，利器在手。下面我逐条解释。

1. 独立不改

独立不改，是从《道德经》第25章来的，上面这样写：

> 有物混成，先天地生。寂呵漻呵，独立而不改，可以为天地母。吾未知其名，字之曰道。

在天地创生之前，有一样东西浑然生成。“混”字，本意指丰水。所以，我们可以理解为大水一样的东西浑然而成。寂静无声，无边无际。“寂”，就是寂静无声。“漻”，就是辽阔无边。这句话给人的感觉是：深夜，月光，高山之巅，远远眺望大海。

独立而不改，可以称为万物之母。独立而不改是什么意思？独立是什么意思？现代汉语中，意思就是别人管不了你。有个银行的广告，一人拿着银行卡，说这是我的独立宣言。不错，经济自由独立，你是经济自主的人。不改，就是不改变。言下之意就是你是独立的，别人改变不了你。

老子所说的“道”的“独立而不改”，就是宇宙中没有任何力量可以超越天道，可以控制天道，可以改变天道。相反，天道的力量创生和运行一切，天道的自然法则在管束一切。

这个创造天地万物的力量，这个万物之母，祂是绝然独立的，祂不受任何事物影响，没有任何力量可以管祂，没有任何力量可以改变祂，没有任何力量可以超越祂，没有任何存在物可与祂相对应。我用这个“祂”字，是为了区别，说明天道的超越性和唯一性。

我们可以参考一下《圣经》对“独立而不改”这种概念的描述。《圣经》上说：摩西在沙漠中放羊，上帝在荆棘中的火里向他显现，要他去埃及，把在埃及当奴隶的以色列人解救出来。摩西觉得太危险，不敢去，不想去，但他最后服从上帝，还是去了。

摩西对上帝说：我去以色列人那儿，如果他们问我，那位叫你来的神叫什么名字？我怎么回答他们。上帝对摩西说：我就是我。英文是 I am who I am。中文《圣经》合和本的翻译是：我是自有永有的。我觉得更准确的，应当翻译为“我是自在永在的”。我是自我存在的，永恒存在的，独立自在的。

我们知道的万物，都不是仅靠自己存在，都依赖一定条件存在。例如，因为有父母生你养你，你才存在。因为有社会，你才能生存发展。所以，你本质上不独立，不是自在的。

《圣经》认为，上帝为万物之本原。对《道德经》来说，天道是万物之本原。上帝之道与上天之道的共同特征之一，就是唯一自在，独立而不改。请记往，认定有一个独立不改的自在力量，超越在任何人之上，这是理解无为而治的第一步。

老子认为，有一个“独立而不改”的存在，一个“独立而不改”的力量，创造了天地万物，是天地万物之母。天地万物之母的特征之一，就是独立而不改，自有永有，自在永恒。这个至高力量是独立的，万物必须依赖祂。这个力量是不变的，万物必须适应祂。

我们生存的这个世界，是被一个独立而不改的至高力量掌握的，是被一种独立不改的自然秩序所支配的。面对这至高的力量和秩序，你只能去服务，去顺应，而不能有你自己个人的主观想法。《诗经》上说：“不识不知，顺帝之则。”没有自己的认识，没有自己的知识，全然顺从上帝的法则。

讲这么抽象，这与无为而治是什么关系呢？从事管理工作，一定要知道，你真正面对的，既是具体的万物，具体的个人，也是万物之母，那个独立而不改的万物之母。万物之母、万物本原的力量和秩序在万物之中，在每个人之中，在每个群体之中。所以你面对的终极力量，永远是那个独立不改的上天之道，你管不了祂，你控制不了祂，你改变不了祂，你只能约束调整自己去适应祂。从万物中看见天道，从万民中看到天道，从每个人中看到天道，从一切地方看到这个独立不改的力量的支配性，这是真正了不起的领袖的精神素质的第一条要求。无为而治，就是要求领导人少有自己的想法，而是帮助和顺应。顺应什么呢？就是顺应上天之道，这宇宙中唯一的独立而不改的力量。上天之道，表现在万物的自然本性之中。

独立不改，这是第一条法则。讲完这第一条法则，我们进入第二条法则——创生万物。

2. 创生万物

我们在第 2 章时，已经很详细地分析过《道德经》的创世论。现在我们分析的“创生万物”，是对《道德经》第 42 章的总结。

第 42 章是这样说的:“道生一,一生二,二生三,三生万物。”这句话很有名，讲“道”创生万物的过程。道生出一,一生出二,二生出三,三生出万物。道是一个独立创生的力量。想想，我们创造一个成功的公司，就很了不起，很值得我们骄傲了，但有一个力量创造出宇宙秩序，创造出天地万物，而且以源源不绝的力量维系宇宙的秩序和万物的运行，这是一个多么宏大的力量！其实，我们有创业的冲动，我们能创造事业，就是这个宏大力量在我们身上的表现。我们所倚靠的本质上不是我们自己，我们只是天道创生力量流出的一个小小载体而已。

把第一条法则和第二条法则合起来，就是天道的核心特征：独立不改，创生万物。中国人讲天人合一，要按照天道的法则去生活，那么，我们的人生，是不是也要独立不改，创生万物呢？所谓的治理，是不是就首先要相信人身上有“独立自主，创生万物”的本性呢？

讲完天道的“独立不改，创生万物”，我们进入第三条法则——利而不害。

3. 利而不害

“利而不害”这个说法，是从《道德经》第 81 章来的：“故天之道，利而不害。”另外还有第 8 章的“上善若水”和“善利万物”。

天道对万物利而不害。为什么？天道是万物之母，天道与万物的关系，如同母亲与孩子的关系，自然是利而不害的。万物之母，永恒自在，祂不仅创生宇宙万物，而且以源源不断的能量，流入宇宙万物，维系万物的运行和生长。没有这个流入宇宙的利而不害的力量，宇宙万物和生命系统就消失了。

现实世界中，有没有害而不利的力量呢？似乎也有。杀人、伤人、抢劫、诈骗，似乎自古以来就存在，而且并没有因为文明的演进而消失。这种被称为恶的力量从何而来？

宇宙之中，似乎是有两种力量。一种是生的力量，创生万物，维系万物，生长万物。另外似乎也有一种力量，破坏和毁灭万物。

前面我介绍过的“熵”理论，似乎从物理学的角度，揭示了宇宙中这种毁灭或死亡的力量。一个孤立系统中，如果听任它自然发展，那么，能量的差别总是倾向于消除的。这种能量差消失，能量平均化的趋向，我们在经验上可以知道。如果这个宇宙是一个封闭的、孤立的系统，没有能量从外进入，也没有能量跑到外面，那么这个宇宙中的总能量不增不减，熵就会趋向最大化。熵化，这意味着什么呢？意味着宇宙的寂灭，宇宙的死亡。这意味着宇宙终要成为废墟，最后废墟也会消失。

对宇宙万物来说，这个熵的趋势，就是害而不利的。宇宙万物，我们人类的生态系统，从本质上是反熵的存在。宇宙万物和生命系统之所以能在熵的环境下生长和繁荣，是因为有能量从宇宙之外流入，源源不断地滋养万物，保证宇宙的能量差和生命秩序。宇宙在膨胀，说明生的力量高于死的力量，说明反熵的力量高于熵的力量。有“创生万物，利而不害”的这种力量和秩序的护佑，是我们生命系统存在的前提。

我们讲完了第三条法则“利而不害”，我把三条法则合在一起，说明上天之道的特征如下：“独立不改—创生万物—利而不害”。下面我们进入第四条法则——尊道贵德。

4. 尊道贵德

“尊道贵德”这个提法，是从第 51 章来的：“道生之而德畜之，物形之而器成之，是以万物尊道而贵德。道之尊，德之贵也，夫莫之爵而恒自然也。”

“道生之”，指“道”生成万物；“德畜之”，指“德”畜养万物；“物形之”，指给万物以物体的形态；“器成之”，成就万物，就是成就万物特定的器用。

老子认为，宇宙万物，都包含“道—德—物—器”四个方面的内容。“器”为功能、为效用，“物”为形态，“德”为所需环境和内在能量，“道”为本源。万物的归宿，万物的价值，就在于成器，在于有效用。个人也好，企业也好，价值就在于成器，在于有器用，在于有用。

这种器用，这种有用性，是从物质形态发出来的。如果我们把万物视为宇宙的物质产品，我们可以说，器用，是从物质产品发出来的。做企业的很懂这样的哲学，企业生产的物质产品只是工具，这些物质产品要实现的效用才是企业生产的目标，企业就是提供器用给消费者。企业的大小，在于有用性的大小。

我们可以用“道生之而德畜之，物形之而器成之”来讲企业的管理。企业管理可分解为四部分：一部分是“器用管理”，企业就是生产器用的，用产品来提供效用，所以要有器用管理。同时这些效用，是由物质生产线生产出来的，需要有对机器厂房和原料的管理，这是“物的管理”。还有就是“德的管理”，即企业的规章制度和企业的文化，这是职工内心的创业精神和服务精神。再有就是“道的管理”。这是从企业领导人内心深处发出的力量，本源的创造万物和服务生命的力量，这是企业领导人的自我激励和自我管理。

“是以万物尊道而贵德。道之尊，德之贵，夫莫之爵而恒自然也”。所以万物都尊崇道而重视德，以道为尊，以德为贵，这是永恒的自然的倾向，不需要君王朝廷用爵位来激励。大家需要记住的，就是走向道德，本是万物的客观倾向，是众人的天然倾向。

我把上面总结的法则归纳一下:“独立不改—创生万物—利而不害—尊道贵德”。“独立不改—创生万物—利而不害”，说明这创生的力量，有益生命的力量，超越一切，支配一切，所以我们对这力量只能是去敬仰和顺应，我们对宇宙、对人性要有信心。因为有信心，所以不干预。干预，皆源于缺少信心。尊道贵德，说明万物内含趋向道德的本性，不用朝廷去激励。激励，也是一种干预。对人的本性最好的保护，就是自由。对万物的道德本性，要有信心。不要以为万物缺德，万民缺德，只有朝廷才有德。凡认为只有自己有道德、有上进心，认为别人是缺道德的、无上进心的人，不可能成为一位能实现无为而治的高管理目标的人。

讲完“独立不改—创生万物—利而不害—尊道贵德”四条法则，我们进入第五条法则——辅助自然。

5. 辅助自然

辅助自然，是从《道德经》第64章来的，上面这么说圣人:“能辅万物之自然而不敢为。”

自然指什么？就是自在，就是那个独立而不改的存在，万物之母，上天之道。万物之母的力量和规则，在万物之中，表现为万物的自然本性。在人性之中，表现为人的自然本性。圣人治理，不是靠圣人自己有限的想法、意志和利益，而是依靠和顺应潜存于万物和万民中的自然的天道，独立自在的至高力量。所谓自然，就是“道生一,一生二,二生三,三生万物”，就是“万物负阴而抱阳，冲气以为和”，就是“创生万物”、“利而不害”。所以圣人治理天下，就是帮助万物实现其器用，就是辅助万民实现其天性。敬奉上天之道，保护人的独立，辅助人的创生，维护竞争的和谐秩序。

《史记·太史公自序》中评价道家:“虚无为本，因循为用。虚者道之常也，因者君之纲也。”这两句讲的是一个意思。“虚”意味着可以接受一切，接受万物之自然，接受万民之自然。“因循”，就是顺着自然本性、利用自然本性。接受什么？接受天性。因循什么？因循天道。

这五条法则，其实都有一个指向，这就是信任。五条法则所强调的，终归于信任。对宇宙的信任，对人性的信任，对自然秩序的信仰。这种信任，是一种很深邃的信任，是对上天之道生生不息的信任，是对上天之道的创生力量与和谐秩序的信任，是对上天之道在万物之中、在万民之中的信任。没有对上天之道、对人性的最深邃的信任，做不好真正的领导人。

信任，是一种非常重要的能力，这种能力常常被人们所忽视。做过领导的人应该知道，团队里绝大多数人，都是有上进心的，是想把事情做好的。这种天然的上进心，是组织生长的核心力量。能否体会到这种上进心，信任这种上进心，激活这种上进心，呵护这种上进心，这是领导人的核心工作。

一个领导人缺少信任能力的组织，是缺少竞争活力的组织。一个不建立在信任基础上的社会，是扭曲人性的社会，是可怕的社会。信任能力，对个人来说是个人财富，对社会来说是公共财富。

美国学者弗朗西斯·福山（Francis Fukuyama）出版过一本很有名的书，《历史的终结及最后之人》（*The End of*

History and the Last Man)。1992年，福山还出版了一本书，叫《信任》(*Trust*)。福山认为，信任是一项非常重要的社会资本。一个上下左右缺少信任的社会，是运行成本高和低效率的社会，是缺少恒心的危险的社会。

2016年4月27日，王维嘉、刘军宁和我在斯坦福大学福山办公室与福山交流，我们也谈到中国社会中的信任的问题。

为了取信于人，你该做什么？从中可看出一个人应有的成长方向。为了建立社会信任，应该做什么？从中可以看出一个社会共同体应有的方向。

因为对人性本质和人际自然关系的极度信任，所以老子认为，在朝廷减少干预和管制的情况下，整个社会的“自然”得以释放，就会实现“我无事而民自富，我无为而民自化，我好静而民自正，我无欲而民自朴”的结果。《道德经》能引导人去认识每个人身上那种值得信任的自发上进的力量，那种天然创生的力量，那种天然公平的取向。

为什么以自由为基础建立的国家往往会富强？因为自由社会建立在对人的信任的基础上。如果人性不可信，怎么能给人自由呢？不自由的社会，都建立在对人性的蔑视和不信任基础上。按照是否信任人性这个标准，我们完全可以对人类思想家们进行清晰的划分。凡不信任人性者，必要求加强控制。凡信任人性者，必要求解放自由。思想家们可能采取完全不同的论述方式，但只要看他们的结论，我们就可以知道他们对人性的态度。

中国诸子百家中，最信任人性的是道家，所以道家强调无为而治。最不信任人性的是法家，所以法家强调严密的法网控制。儒家在道家和法家之间，认为人的本性是可以通过教化而改善的，因此强调用德礼来教化民众。

“独立不改—创生万物—利而不害—尊道贵德—辅助自然”，这五条法则，讲的都是对上天的信奉，对天道的顺从，对宇宙万物的本质和人性的信任。因为信任，所以不乱干预；因为信任，所以放权让利；因为信任，所以认为唯有当每个人独立自主，他们才能释放出身上天然的创生和平衡的力量。

照这么说，是不是朝廷完全清静无事，最好啥也别管，彻底放任自流，完全无政府主义，这样社会就走向创造，走向繁荣，走向公平与和谐？NO，老子没这么说，老子不是一个无政府主义者。

做管理的人都知道，不信任手下，不信任员工，不放权让利，就没有了激励机制，就调动不了积极性，人人无心创意，机构死气沉沉，走向衰败，走向死亡。前面讲的无为而治的五条法则，讲的都是对自然创生力量的信任和运用，讲的是放权让利的理由，这理由源自天道生生不息冲气为和的宇宙观。

但是，如果一味放权让利，不提防人性之恶，不加限制地信任人，也可能出现管理失控。出现害人伤人怎么办？出现以权谋私怎么办？出现背叛怎么办？历史上，有许多因为过度信任而失败的例子。

如果我们用人性是由天使和魔鬼两部分组成的说法，老子之所以强调无为而治，是因为他看到了人性中闪光的天使，但是不是老子对人性中的魔性就是睁眼瞎？是不是老子的无为而治就完全不管魔性的放纵？在放权让利和保障控制权之间，合理的平衡点在那儿？

老子如此深刻，他当然看到人性的光明面是主流，也清楚地看到人性魔性的一面及其危险。他知道人性之中，有“非道”的因素，有违背天道的因素。

总结了“独立不改—创生万物—利而不害—尊德贵德—辅助自然”这五条法则，这人性光明面的五大法则。我们面对万物和人性中的阴暗面，面对人性中残缺凶恶的一面，该怎么办呢？

讲完五条光明法则，我们要进入可能的黑暗面，进入无为而治的控制性法则。从“大成若缺”开始，我们要从“信”转“防”，从“放”转“收”。老子管理哲学，有信任有防备，以信为本，以防为辅，明信暗防。有放松有收紧，以放为主，以紧为辅，有放松有收紧，明放暗紧。我们需要了解的是：为实现无为而治，放什么？收什么？我们进入无为而治的第六大法则——大成若缺。

6. 大成若缺

“大成若缺”是《道德经》第45章中的句子。

大成若缺是什么意思？宇宙秩序，分为两个层面，一个层面是对称的。这什么意思？一年四季春夏秋冬，是对

运转的星系图

称循环的，宇宙秩序的基本结构是对称的。但是，大的对称背景中，有不对称的缺口。

大家想想星系图。星系是旋转的，但不是360度绝对的对称运转，不是一个完整的循环圆，而更像螺旋形状。螺旋形的循环，是有缺口的。为什么会有缺口？有能量在释放出来。有能量进入，宇宙在膨胀，循环就出现螺旋扩展的缺口。

宇宙对称的秩序中，留有不对称的缺口。这种缺口，是能量释放的结果。人类社会中，人性中也会释放能量，所以人类在生长和进步。人类对自己身上的能量释放，有一个管理的压力，要将这能量的释放导向建设性的渠道。管理学，就是激发能量和引导能量流向的学问。人类能量，如果成为创造的能量，人类社会循环变化中的缺口就是突破点。如果成为破坏的能量，这个缺口就是动乱点。总之就是一个能量，流向创造就是创造，流向破坏就是破坏。

“大成若缺”中的“大成”，指宇宙秩序是一个大成的秩序，稳定的对称的秩序，成就万物创生和生命繁荣的秩序。一年四季春夏秋冬，会随意变化吗？相信大家的回答是：不会，每年都是春夏秋冬。如果自然秩序混乱，今天是夏天，下周就是冬天，再下周又到夏天；今天零下五度，后天零上三十度……自然环境进入混乱，生态系统就会消失。所以，有恒定不变的有益生命的自然秩序，才有生命存在的可能。我们的生态系统的秩序，是“大成”的秩序。我们确信，每年春夏秋冬四季循环，自然秩序不会有大变化。

“大成若缺”中的“若缺”，就是说宇宙秩序中有残缺，有缺口。一年四季春夏秋冬，循环往复，这是大成的秩序，恒定不变，是可以预知的。但每年的春夏秋冬，会完全一样吗？每年的降雨，会完全一样吗？并不完全相同。所以自然秩序不是一个完全对称，完全守衡的秩序，而是不完全对称，不完全守衡的秩序。在恒定的循环中，有不对称的缺口。

正因为自然秩序中有缺口，所以人类不能完全预知未来，所以许多事会以我们不可预料的方式出现。首先，一切创新都是不可预测的，例如我们无法预测新的科学发现和技术发明会是什么。其次，天灾人祸，地震水灾，战争动乱，也常以不可测的方式出现。

面对大成若缺的自然秩序，治理天下，领导人不用过多去关注那些正常的不断重复出现的事情，不用过于操心那些可以纳入程序管理的事。凡恒定不变的，皆可用程序进行管理。恒定不变的，重复出现的事物，不是领导学的关注对象。领导人需要关注的是反常。反常有两种情况，一种是创新，与历史不同的创新，创新就是反常；另一种是破坏，对良好秩序的破坏，对正义和生命的伤害。真正的领导哲学，不是关心正常的哲学，是关心反常的哲学。创新是反常，破坏也是反常。真正的领导哲学，是“抱残守缺”的哲学，守住难以预测的创新点，抱住不可预知的破坏点。

对有益生长的反常，要守住。对可能带来突破的新创造，要保护创意，开放竞争，要减少一切压制创新的制度和利益结构，让有创意的人得以脱颖而出。总之，与众不同的东西，如果是有益于生命的，就保护之。如果是伤害生命的，就坚决制止或清除。

一年四季春夏秋冬，这是正常秩序，不用操心。但对有伤害性的反常，就要制止或清除。地震、洪灾都是不可完全预测的，要防灾救灾。阴谋背叛是不可测的，要随时准备好对付。要坚决对放纵的黑色力量下杀手，坚决不让负面能量扩散开来。控制消除不正常的残缺表现，才不会影响正常秩序的运行。

“抱残守缺”告诉我们，领导人的关注点，应当只是缺口，这可能是创造的突破口，也可能是破坏的爆发口。将重复出现的常态秩序，交由别人去按程序化进行管理，领导人的眼睛，只盯住反常现象。反常，可能是正面的，也可能是负面的。那些沉迷于常规程序管理的领导，是平庸的领导。需要提醒的是，“抱残守缺”不是靠君王的个人智慧和意志，而是靠一套制度，是制度在“抱残守缺”。

讲完大成若缺的法则，我们现在进入无为而治的第七条法则——阴阳对冲。

7. 阴阳对冲

“阴阳对冲”来自《道德经》第42章：“万物负阴而抱阳，冲气以为和。”

这句话怎么理解？万物都背着阴，又抱着阳。阴阳之气对冲，对立竞争，进入平衡和谐。刺激新平衡的，就是创生。有新的创生就会带来新的平衡。人们一定会阴阳对立，相互竞争，任何人的已有地位都永恒地处于被挑战之中，对此要有清醒的认识。尤其是有了重大创生的时候，人与人的竞争会加剧。任何领导人都要明白，想谋你的位子的人永远不会少，这是自然法则。除非你带来的创生多，贡献大，不然位子就不稳。那种试图通过压抑竞争来维持既得地位和利益的做法，违背阴阳对冲的法则，从长期看行不通。

要想让组织有活力，必须激发组织中每个人的创造力。

要保护创造，就必须有竞争，就必须保护竞争的结果。一个国家，一个企业，一个组织，任何人的地位都不能永远固化，每个职位环节都必须开放竞争，这样才能保证创生，也才能使“大成若缺”释放出来的能量，走向有利于组织生长的正面方向。

要保持活力，要防止新能量变成破坏性的，就必须保持灵活的竞争调整。一切以“生一、生二、生三、生万物”为方向，有创生就上，无创生就下，一点不含糊。这样大成的缺口释放出来的就是创生的活力，不然就是破坏的力量。任何权位，都必须面对竞争和约束，这样才能进入和谐。有条件的组织，同一个领域，最好安排有两个以上的独立团队去竞争，不要怕挑起内部竞争。腾讯公司内部，有一个赛马机制，就是开放内部竞争，对不同部门间业务重叠的部分，不强求划分清楚，让内部竞争，你行你就上，无能你就下。用竞争来刺激活力，用竞争来清除缺陷，用竞争来提防垄断腐败，这是中国企业界运用阴阳对冲法则的样板。

我们讲过的无为而治第一条法则，是敬畏那个独立不改的本源力量。有一个至高的独立的力量运行宇宙万物，这个力量是持续创生的力量。被创造出来的宇宙万物，按一个什么样的秩序运行呢？这就是阴阳平衡的秩序。这个独立不改的力量，这个创生的力量，按一个特定的秩序运行，这就是阴阳对立统一，两种相反力量不断对冲，相互竞争，不断处于动态平衡的状态，这就是万物的秩序。

市场经济注释了“万物负阴而抱阳，冲气以为和”的自然秩序。为什么？企业就是一个创生主体，不断在创生，不断提供产品和服务。企业之间在竞争，这是一种创造性的竞争，这就是阴阳对冲的竞争。不同企业的地位不断在“创造—竞争—平衡”中变化，有成有败，有得有失，市场不断平衡不同企业的经济生态位置。

这个世界是个“创造—竞争—平衡”的秩序，每个人都在创生，都在对冲，合理的平衡线在那儿？如果有人不按公正的竞争规则出牌，用不公正的手段伤害他人破坏共同体利益时怎么办？

总结了“独立不改—创生万物—利而不害—尊道贵德—辅助自然—大成若缺—阴阳对冲”这七大法则，我们进入无为而治的第八条法则——铦袭杀之。

8. 铦袭杀之

“铦袭杀之”这个说法，是《道德经》中两句话的合并。一句是“铦袭为上”，来自 31 章。铦，指锋锐的刀尖。袭，就是突然袭击，指不得已而进入战争状态，为了防卫，要铦袭为上，尖锐突袭，以奇用兵。“杀之”，来自第 74 章“而为奇者，吾得而杀之”。无论对内对外，对侵犯之敌，对叛乱之人，一律尖刀回应，锋刃突袭，果断控制，这有点超限战的意思。

这样总结，大家会觉得老子的形象忽然变得有点凶狠残暴，很不可爱，让人有点毛骨悚然了。老子对破坏生命秩序的反常现象和反常人物，认为必须凌厉回应，不忌讳超常规突袭。老子对宇宙秩序和人性本质如此信任，怎么忽然就变脸了？老子为什么这么想问题？

老子这样的看法，有一个宇宙观的背景。因为自然秩序大成若缺，所以为人要抱残守缺。抱残守缺，保住残缺之处，保护生命秩序。对反常破坏的行为，必须坚决果断灭除，手法不能温柔。老子一边倡导放权让利，一边要求对反常事件进行凌厉处置。

大家别觉得后脊背发凉，老子讲这些，有他的正当性考虑。无为而治的这第八大法则，铦袭杀之的法则，有其正当性，这正当性就建立在前面七大法则对宇宙万物和人性充分信任的基础上，建立在全面的放权让利的基础上。要保障彻底的放权让利的结果，就要求极其彻底的责任追究。这个世界阴阳平衡，享有大权大利者，必须承担起大责大任，准备好承受大惩大罚，不然社会秩序就会失衡，就会进入混乱。

治国如此，教育也应如此。教育的目的，就是珍惜受教育者的个性和兴趣发展，辅助受教育者的天性的生长释放和实现，将受教育者导向持续的创生，导向公正的竞争，导向竞争中求和谐。有了这样的方向，当发现受教育者偏离这些目标，要及时地纠正，必要时也要有相应的惩罚。既不能按教育者的个人兴趣和利益来强制受教育者顺从，也不能知错不纠全然放任无为。

放权让利是必须的激励机制。但放权让利可能遇到的问题，就是失控和动乱。要想做到对外敌入侵和内鬼叛乱的“铦袭杀之”，要想保证秩序稳定，就得有手段。这手段是什么呢？我们进入无为而治的最后一步，这就是第九大法则——利器在手。

9. 利器在手

“利器在手”来自第 36 章：“鱼不可脱于渊，国之利器不可以示人。”鱼不能脱离深渊大海，国之利器不要展示给人。利器是什么？锐利的武器，杀手锏的意思。

中国古代朝廷中，国之利器是什么？

首先是情治系统，如国安、情报、调查部门等，就是《道德经》26 章中说的“环官”。管理任何一个组织，信息对称是前提，必须建立起有效的情报机制，使领导人能掌握所有环节的运行情况。能了解情况，这是无为而治的前提。用今天的说法，对领导人来说，组织各运行环节必须是透明化的，不能有隐情之地。

其次是军队。《道德经》第 31 章：“兵者不祥之器也。不得已而用之，铦袭为上。”对古代无为而治的君王来说，要将军队排除在国家日常治理之外，军政分离，绝不允许军人干政。但同时要在军队内部建立对自己直接负责的情治系统，在军队调动权上设定权力制约环节，扑杀军中有谋反野心的任何人，保证对军队的绝对控制。不允许军队干政，但要保证必要时的军队护政。

第三是司法系统，如《道德经》第 74 章的“恒有司杀者”。审判的公正是民心所向及国家稳定的基础。老子认为，朝廷内部的司法审判，要坚守独立公正原则，排除人为利益因素的干扰，依法断案，一视同仁。做到第 56 章中说的“不可得而亲，不可得而疏，不可得而利，不可得而害”，不亲近任何人，不疏远任何人，不给任何人特别利益，不无辜伤害任何人，一切按公正公平原则处理。

第四是救灾系统，如《道德经》27 章的“是以圣人恒善救人，而无弃人”。救灾，是朝廷合法性来源之一。传说中的大禹治水在外13年、过家门而不敢入的故事，是中国古代国家形成的开始。中国国家形成，源于治理水灾，救灾就成了朝廷存在的意义及合法性的重要条件之一。一个不能有效救灾的朝廷，必是一个失去民心的朝廷。天灾人祸，并非常态，属于反常现象，领导人对灾难，必须“利器在手”，不让灾难残缺伤害生命。

《道德经》第11章中，用制作陶器来形容无为而治。为了能用陶器中空的部分，你得先制造出陶器来。中空的部分，就是无，就是民众的自治领地，就是百姓的自由空间。陶身是什么？就是做好这四大系统：强大的军队，高效的情治部门，公正的司法部门，有效的救灾系统。这四大力量的特征，就是保护生命，公正审判，维持稳定，清除动乱。这四大力量，就是君王的杀手锏，就是“鱼不脱于渊”，就是“利器在手”。这四大系统，是无为而治的保障。无为而治是需要保障的，正如充分的自由，必以严格的法治、国防的安全和必要的社会救济为基础。

我们把无为而治九大法则再总结一遍：“独立不改—创生万物—利而不害—尊道贵德—辅助自然—大成若缺—阴阳对冲—铦袭杀之—利器在手”。

10. 小结

对无为而治，我从以下两点再进行一个小结：

（1）极点管理学

无为而治，我总结就是一种极点管理学。什么叫极点管理？就是把人的优点释放到极点，也把人的缺陷控制到极点。不能为了控制人的缺点，而压抑人的优点，必须通过放权让利，把优点的潜力慢慢释放到最大极点。但同时，也不能为了释放优点而放纵缺点，对缺陷的管控，要做到极点，意味着追责必须严酷，绝不姑息。

放权与追责，靠的不应是领导人个人的内心平衡，而是一套制度，一套人人明白和人人遵守的制度。法家韩非喜欢老子，是因为韩非从老子思想中找到了人间法的形而上的基础。道家黄老学代表著作《黄老帛书》的开篇即是"道生法"，人间之法，源于天道，是天道在人间制度上的反映，所以法律高于君王的个人意志。圣人明天道以立法，立法而不敢犯法，行法而不敢废法。无为而治，建立在保护自主创生和公平关系的制度之上。韩非专门注老子，留下注解老子的著作《解老》，这是我们能看到的最早的《道德经》注本。

老子最厌恶的就是那种平庸的管理，既舍不得放权让利，又狠不下心来追责惩罚。如同一些人理解的中庸之道，无可无不可，无权也无责，这意味着和稀泥，你好我好大家好，啥事也做不了。

无为而治的核心，就是敬天行道，善利万物。办法就是信任人性，让人独立自主，让人在自由中释放创生的力量与平衡的秩序。同时，有效反制残缺反常的害人行为。无为而治的管理，是一种把放权让利做到极致但同时把追责做到极致的管理。

无为而治的世界，是一个充分自由自主的世界，但又是一个极度严明奖罚的世界，是一个高效而繁荣的世界。

（2）天网恢恢，疏而不失

最后用一句话来总结无为而治。这就是老子的第 73 章中说的:“天网恢恢，疏而不失。”

上天之网，恢宏宽大，把宇宙万物都罩在里面。说明上天之力量无处不在，上天的法则无处不在。疏，指的是天网的网眼，网眼很宽松。天网的网眼并不密集，给人自由自主的空间，极大的放权让利，让人自我选择自我承担。上天给人空间，让人自主自治。但是，在这前提下，在拥有自主权的情况下，一切责任自我承担。不可犯事，一旦故意违法捣乱，一个都不会放过。权利大到极点，责任也追到极点。自由大到极点，法治追到极点。天网恢恢，疏而不失。

我们总结到这儿，会发现《道德经》无为而治的思想很简明，并不复杂。以信任为本，以控制为辅，天网恢恢，疏而不失。我们可以综合无为而治之九大法则，生杀结合的法则，去实现无为而治，带来效率、公正、繁荣与和谐。

第6章 《道德经》在生活中的运用

1. 集中力量做小事

《道德经》第63章写道：

> 图难于其易，为大于其细。天下之难作于易，天下之大作于细。是以圣人终不为大，故能成其大。

这几句话的意思是：图谋艰难的大事，要从最容易做的事情开始。成就伟大的事业，得从细小的事情开始。天下之难事，从容易之事起步，天下之大事，从细小之事发端。所以圣人终是不去做大事，却能成就大事。

这是说，集中力量做好简单的小事，才能实现伟大艰难的大事。做好小事，才能成就大事。老子的人生观，一向有宇宙观的基础。老子倡导集中力量做小事，背后的宇宙观是什么？

我们看《道德经》第43章：

天下之至柔，驰骋于天下之至坚。无有入于无间。吾是以知无为之有益也。不言之教，无为之益，天下希能及之矣。

天下最“柔”的，能驰骋于天下最坚硬的物体之中。没有形状的东西，可以进入到没有间隙的坚硬物体中。

“天下之至柔”，指天道无形的能量。无形的“道”（无有），进入没有间隙的物体（无间）。“无间”，指“没有间隙”，即“最为严密坚硬的物体”。有柔和的能量，在天下最硬的物体中驰骋。这无形的力量，轻松穿过万物。这是什么呀？一定是极其精微的能量流，才可能自由穿过世界上最坚硬的物体。这精微的能量流是什么？老子认为，有这样精微的能量，活跃在万物之中，生生不息，带着阴阳，进行着互动平衡，永不停息。这样深层而精微的力量，看不见摸不着，在生长，平衡，并流向和谐，完全超出人的意志控制的范围。有形的日月星辰，这些巨大的物体，其实是由这精微无形的力量凝集而成。

这个创造的力量，这个支配世界的力量，是无形的、柔和的、精微的、细小的。万物由小到大，由柔到刚，由简到繁，这是生长的过程。老子在《道德经》第76章用了现实中可以看见的现象来描述:“人之生也柔弱，其死也坚强。万物草木之生也柔脆，其死也枯槁。故曰：坚强者死之徒，柔弱微细生之徒。”婴儿刚出生，身体柔软，人死后，尸体就变僵硬了。万物草木新生时，柔软脆嫩，死后则干硬枯槁。坚强僵化的，走向死路，柔弱微细的，走向生路。

“柔弱微细生之徒”，柔弱微细，是生的道路。在这穿透一切、创生万物、转化出万物的无形而巨大的能量流面前，个别君王的力量算什么？我因此知道了“无为”的益处，因此知道了最好的教化就是不教化，最大的“有为”其实就是“无为”。孕育我们生命的胚胎是多么的细微，但生命正是从这细微处开始生长的。生育孩子如此，凡事如此。伟大的事业，都有一个细微的开始。天下人很少能看到这一层，很少能看到这无中生有、精微化有形的运行过程。天道创生万物，是从精微处开始的，行道者做事，要从细微简易处积累。

《道德经》第64章中说:“合抱之木，生于毫末。九层之台，作于累土。”真正转变世界的力量，多是从具体小事上的创造开始。点上突破，微观变革，才是改变世界的真实力量。

2. 服务即成功之道

《道德经》第 51 章中说:“道生之而德畜之，物形之而器成之。”我们在本书第 4 章中分析过《道德经》的“道器”宇宙观，万物成就在器用上，这就决定了“道器”的人生观。每个人都是上天之道的器皿，盛着天道的力量，展现出具体功用，服务于特定的目标。人之成就，就在于有用。人生必须变得有用，对亲人有用，对同事有用，对机构有用，对社会有用，对生命有用。人的一切尊严，人生的意义，其实都基于有用性。有用，就是成就自己，就是实现了天道的本性。

《道德经》第 7 章:“不以其无私与？故能成其私。”老子发现了利他与利己、无私与自私之间的转换。在公平的天道的支配下，利己的最好道路，就是利他。寻求大私利的最好办法，就是无私。

《道德经》第 79 章:“天道无亲，恒与善人。”天道之力量，不偏爱谁，但总是与善人在一起。也就是说，天道能量的流动，是有规律性的，总是流向善的心智结构。天道之力量，通过善人来释放。天道是终极的创生力量，是创生之源。天道是终极的平衡力量，是公平之根。天道与谁在一起，谁就具有创生和公平的特征。而天道的力量，只流向善的结构。

《道德经》第67章:“天将建之，以慈卫之。”凡慈爱生命者，上天将建立他，用慈爱来保卫他。为什么，因为上天为万物之母，天生万物，慈卫万物。人行天道，就应当关爱慈爱万物，这样才能成为天道在人间的人格代表，成为上天之力量释放的通道。

什么人才算是善人?《道德经》第27章中说:“是以圣人恒善救人，而无弃人，物无弃材，是谓袭明。”所以，圣人总是常常善于救助需要被救助的人，不抛弃人，得以物尽其材，这可称之为“袭明”，即顺应“道”的法则的聪明。

老子倡导顺应自然，反对君王积极干预和介入百姓生活，但同时要求君王朝廷积极救助需要被救助的人，不抛弃任何人。这两者并不矛盾。以医生为例，治病救人，是医生的天职。人生病，是因为脱离了身体自然的正常状态。医生治病，是帮助病人发挥自身的力量，恢复到身体的自然状态。如果医生通过治病，故意操纵病人，使病人的生活永远离不开医生，身体恢复不了自然的正常状态，那就是罪恶了。使病人恢复身体的自然运行状态，是行医的基本准则。社会同样如此，如果失去了秩序，就是不自然，因此君王就应当发挥恢复和保障秩序的作用;百姓遇到天灾，这不是自然的常态，需要朝廷组织资源，积极施救；国家遭到侵略，需要朝廷积极组织百姓和军队自卫，保卫百姓生命财产安全。

“物无弃材”，指物尽其材，物尽其用，各自发挥各自的功能。我们日常生活中，赋予了不同的物品不同的价值，从而取舍不同。老子从他的宇宙观出发，认为在宇宙万物的循环系统中，每样物品都有自己特有的功能，其地位是平等的，都应受到重视。大自然中没有垃圾，没有被遗弃的东西，一切都处于能量循环的大系统中。“物无弃材”就是使万物回到自然的能量循环状态中，不要变成被遗弃的垃圾。今天的环保主义者喜欢从老子那里吸取思想资源，就是这个道理。万物如此，更不用说人了，人当然更不能被放弃。

天道创生万物，所以凡对万物有益者，凡能有益于生命者，即是上天的宠儿。要想获得天道的力量，唯有走善人之路。

第7章　问答十二篇

1. 学《道德经》有什么实用价值?

问：学《道德经》有什么实用价值?

答：听到这样的问题，我心里会想起另外一个问题。什么问题呢?就是对纯粹知识的爱好和探索的问题。我们中国人非常功利实用，对眼前无实用可能的东西一般都不太关心，习惯按照有用没用去判断事物的价值。这种只看眼前的功利心态，被哲学家李泽厚美化为“实用理性”精神。这与古希腊精神不一样。古希腊思想家关注世界的奥秘，力求探索事物现象变化背后恒定的数学—理性的关系和结构，他们热爱知识本身。以数学为例，数学很实用吧?建设高楼和城防工事，没有几何学知识就不行。希腊人当然知道数学的实用价值，但他们探索数学，并不仅仅是为了实用功能，而是认为数学能提升人的灵魂，把人的灵魂升向抽象永恒的理念世界。这就形成了一种为知识而知识，为科学而科学的思维特点，这使西方科学总是遥遥领先，与我们“科学就是生产力”的口号完全不同。

从长期看，愈是追求纯粹知识，反而愈有实用效益。所谓的“实用理性”，缺少探索纯粹知识的兴趣，只想谋取眼前利益，很像一种难民心态。大难当前，只想解决眼前的问题，不在乎眼前无用的东西。这就是为什么我们成为复制大国而不是发明大国和原创大国的原因。我们缺少的就是为知识而知识的精神，需要把希腊的“爱智者”们当老师，把探索纯知识和渴慕纯知识，当成生活的一部分，这有助于提升我们的精神境界，提升我们开拓人类新世界的能力。

2. 如何让孩子学《道德经》和国学？

问：想劝一些朋友学点国学，学《道德经》，但不知怎么劝。我孩子十岁，现在学校开始重视国学，语言和德育课的国学内容愈来愈多，我想自己也能掌握一些，便于与孩子思想交流，有时也可辅导孩子一下。

答： 如果你朋友的孩子也在读中小学，你就用为知识而知识这个理由先去劝劝他们。

问： 嗯。我还是想知道，除了有益于与孩子交流，还有什么用处？

答： 我建议说两个理由，第一个理由是：国学产生于中国人，也塑造中国人。学国学，就是了解中国人，学会治理中国人之道。第二个理由是：学《道德经》学国学，可以在家长和孩子关系上，增加一层老师和学生的关系。家长—孩子关系，是亲情关系。老师—学生关系，是心智关系。

问： 在父母亲情关系上增加一层师生心智关系，请老师再解释一下。

答： 一般的家长，忙于工作，把师生关系完全交给了学校和老师。其实，父母才是孩子最重要的老师，对孩子世界观和人生观有最深刻的影响，但父母们往往没有用师生关系的标准来处理与孩子的关系。如果有师生关系意识，父母的行为就会有很大的改变。

问：如果按师生关系来看，《道德经》学习如何有助于父母与孩子构建出另一组师生关系？

答：人的学习能力是阶段性开启的。《道德经》文字抽象深奥，理解《道德经》需要生活阅历。《道德经》似乎并不适合小学或中学低年级的孩子从头到尾系统学习。中小学生学国学，有助于他们提升素质，但怎么去教？这仍然是一个大问题。家长朋友渴望自己的孩子能中西合璧，既能懂得中国，又能利用世界的资源。他们知道《道德经》是中国最深的哲学，最深的管理学，甚至是最大的成功学，他们希望能尽早让孩子掌握些《道德经》的学问。他们采取的办法就是送孩子上一些国学班，让孩子死记硬背，其实这反而容易破坏他们对《道德经》的兴趣。

《道德经》的写作对象本来就不是孩子，而是君王，是写给君王看的治国之道。《汉书》上说道家是“君人南面之术”，君王坐北朝南治理天下之法，这是给成年人写的书。最好的办法就是，家长们学习掌握了《道德经》的知识和原理，运用到自己身上，运用到孩子身上。《道德经》智慧激活家长智慧，化入家长言行，潜移默化影响孩子。家长自己对《道德经》表现出兴趣，家长自己认真研究《道德经》，这是让孩子对《道德经》产生兴趣的最重要的刺激。孩子会因此留下一个印象：《道德经》很重要。有这种印象在心里，随着孩子年龄和智力成长，他们会逐渐自动成为《道德经》的阅读者和实践者。这样潜移默化的师生关系，比学校课堂上的师生关系，对孩子一生的影响更深。

问：家长掌握了国学运用国学，日常生活中潜移默化影响孩子，这我同意。但老师您好像比较反对要求孩子背诵国学经典。有不少老师认为，国学重要，就算孩子现在不理解，可以让他们先背下来，打下基础，慢慢消化，长大后他们就渐渐明白了。

答：儿童如何学习国学，这个问题，在教育学上还没有真正解决。我并不反对让儿童学习国学，我想的是如何让他们更好掌握国学。我不反对背诵一些名句，但反对过多要求背诵，尤其反对在孩子不理解的情况下，要求孩子死记硬背的背诵。

问：《道德经》是比较抽象，不让孩子死记硬背，如何让孩子理解呢？

答：我以《道德经》第 42 章为例："道生一，一生二，二生三，三生万物。万物负阴而抱阳，冲气以为和。"这几句话是名言。意思是，道是创生的力量，创生出宇宙万物。道的力量按阴阳相反制衡的方法运行，因为阴阳不断竞争，才有不断的平衡与和谐。仅这么解释，孩子很难懂的。重要的不是让孩子对这句话死记硬背，重要的是什么？是思考怎么才能让孩子体会到自己身上的创生力量？怎么才能让孩子从创造中去获得快乐和尊严？怎么才能让孩子体会到生活中的竞争与平衡之美？这才是关键所在。

认知科学告诉我们，人的认知能力成长有阶段性。最初是身体器官认知，形成身体记忆，身体是孩子最重要的信息源，这种状态会持续到十二三岁。文字理论，着眼于逻辑层面的，逻辑思维是后期发育的，十三四岁后开始逐渐强化。怎么才能顺应孩子的生长规律，让他们体会到“道生一,一生二,二生三,三生万物”呢？

我们可以设想：领着孩子一起捏一个陶器，把陶器烧制出来，让孩子看到自己作品，放在家里显著的位置。画一幅画，做一把小木刀，写一首诗，编一首歌，做一个化学实验，这些都可能比让孩子背几句国学经典更有助于激发他们的创造力。

当孩子喜欢去创造，不怕竞争和矛盾，甚至喜欢竞争和解决矛盾，孩子就容易进入性格和谐的状态。要实现这个目标，不是靠逼孩子背诵“万物负阴而抱阳，冲气以为和”这句经典，而是习惯让孩子更多参加团队体育、文艺活动或各种竞争性活动，孩子就会体会到竞争及竞争中可能的快乐，体会到竞争中规则的激励与约束。同样，要让孩子懂得爱与责任，不是让孩子去背“仁者，爱人也”，而是带着孩子去捐款，去参与慈善公益服务。

孩子画了一幅画，唱了一首歌，做了一件有益的事，父母表扬孩子时，可以说“你今天道生一,一生二,二生三,三生万物了”。孩子逐渐熟悉了这句话，就可让他把这句话写出来，挂在墙上。常问孩子:“今天你生一生二生三了没有？”同样，家长也可以给孩子回顾自己一天或一周所做的有益的事，讲自己的“生一生二生三生万物”的过程，这样“生”的精神的种子就会被种入到孩子心灵深处，孩子就会把《道德经》这句话与他创造性的活动建立起联接，这句话的内涵就被孩子掌握了，成了激励孩子去创造的力量。所以，重要的是家长自己懂了国学并灵活运用到现实之中。

别说孩子教育，就是青年教育、成年教育，我觉得也要重视参与和体验。我仍以《道德经》第 42 章的“道生一,一生二,二生三,三生万物。万物负阴而抱阳，冲气以为和”为例，我还是坚持要着眼思想本质而不着眼于文字形式。体会创造的艰难与快乐，体会团队竞争中的凝聚力与挑战，可能比把《道德经》42 章文字背得滚瓜烂熟更重要。“道可道，非恒道”，文字只是指路牌，重要的不是指路牌，而是指路牌指向的东西，那个“生一生二生三生万物”的力量，那个“冲气以为和”，在竞争过程中形成的平衡的和谐。

问：现在家长大多很忙，难有时间陪孩子做这些，是否可以把这些思路介绍给老师，让老师按此思路开发一些教国学的具体办法去教孩子。

答：当然可以把这些观点推荐给孩子的老师。同时我还想到一点，教育的方向，就是刺激求知兴趣，由兴趣自发驱动去发现和创造。要让孩子对《道德经》感兴趣，家长自己得先感兴趣。犹太家庭有个传统，为了刺激孩子对犹太教经典《托拉》的兴趣，在孩子开始识字前，把蜂蜜滴在《托拉》上，让孩子舔食，这样给孩子留下《托拉》是甜蜜的印象。还把《托拉》的重要句子用蜂蜜写在干净的石板上，孩子边学边舔，孩子知道《托拉》的句子是甜蜜的，对《托拉》充满兴趣和甜蜜感。犹太人重视从小培育孩子的自发兴趣，这与《道德经》重视天道在人身上自发自主的创生表现是一样的。家长是孩子的日常榜样，家长认真学习《道德经》的行动，会把爱好《道德经》的种子种到孩子心中。

3. 如何理解“五百年必有王者兴”？

问：你提到“五百年必有王者兴”的观点，能更详细解释一下吗？

答：五百年必有王者兴，是孟子的观点，不是我的观点。《孟子》记载：孟子去齐国。充虞路问他：“老师，你好像有不高兴的样子。前日我曾听老师您说：‘身为君子，不埋怨上天，不责怪别人。’”孟子回答说：“彼一时，此一时。五百年必有王者兴，其间必有名动世界之人。周朝开国以来，七百余年了。按时间已过五百年，按时势分析还是可以的。上天还没有想平治天下。如果上天想平治天下，当今世界，舍我其谁呢？我为什么会不高兴呢？”

孟子很自信，他认为“五百年必有王者兴”，如果上天要选择王者平治天下，一定会选他。孟子生于公元前372年，晚孔子约179年。孟子时代，周王室还存在。齐、楚、秦、赵、韩、魏、燕等诸侯国也各有自己君王。显然孟子所说

“五百年必有王者兴”中的“王”，所指的不是当时的众多君王，而是能带来重大制度或思想突破的开国之君或伟大思想家。

认识自己是困难的，孟子的自信似乎错了。为什么说孟子错了？孟子并不认为周朝以来500余年已兴起名世之王，其实在孟子之前200多年，已经成批兴起开创性的王者。这些王者是谁呢？是开创道家的老子，开创儒家的孔子，开创兵家的孙子和开创墨家的墨子，他们都是思想上有重大突破和开宗立派之人。他们不是世俗君王，而是思想之王。孟子之前的五百年天运的力量，这回更多是降在了思想家群体身上，而不是世俗君王身上。

《易经》中说:“见群龙无首，吉。”见群龙出现，没有首领，大吉大利。周朝开国五百年前后，中国思想界群龙无首，思想多元，大吉利之事。有趣的是，孟子是孔子的跟随者，但在孟子眼里，孔子并不属于“五百年必有王者兴”的王。孟子认为这个王可能会是自己。

孟子所说的“五百年必有王者兴”，与其说是对未来的神秘预测，不如说是对中国历史的经验总结。据传夏王朝建立于公元前2100年前后，到约公元前1600年，商汤灭夏桀建立商朝，时间跨度约500年。公元前1046年，周武王灭商纣王建立周朝，时间跨度也在500年左右。夏商周历史更迭，大禹、夏启和商汤、伊尹以及周文王、周武王、周公这些历史巨人按500年左右时间间隔出现，并非仅是更换了统治集团，而是带来了中国历史重要的制度和思想变革。夏商周更迭似乎说明，五百年一次大的历史变革，可能是中国历史的规律。

五百年一大变革，五百年王者兴的观念，弥漫在中国意识之中。写《史记》的司马迁也认为自己有“五百年王者兴”的使命。

司马迁约生于公元前135年到公元前90年。《史记·太史公自序》中这么写：太史公曰：“先人有言：‘自周公卒五百岁而有孔子。孔子卒后至于今五百岁，有能绍明世、正《易传》，继《春秋》、本《诗》《书》《礼》《乐》之际？’意在斯乎！意在斯乎！小子何敢让焉！”用现在的话说就是，太史公说：“我的父亲生前曾经说过：‘有谁能继承圣明时代的事业，修正《易传》，续写《春秋》，本于《经》《尚书》《礼记》《乐经》的吗？’他老人家的意思是把希望寄托在我的身上呀！寄托在我的身上呀！小子怎么敢推辞呢！”

如果把商朝替代夏朝算成中国第一个五百年变革，那么周朝替代商朝及周公制礼则为第二个五百年变革，春秋战国诸子百家兴起为中国第三个五百年变革，老子属于中国历史上第三个五百年王者兴时期的开创性的思想家。

江山代有人才出，五百年一个历史波峰。把孟子“五百年必有王者兴”的观点运用到后来的历史分析，南怀瑾先生初步分析过。南怀瑾先生认为从周公到今天，中国历史处于第七个五百年，正是王者兴起的时候。生活在今天的中国人，要有某种天命在身的自信，我们处于历史精神上升的风口，是开创性的时代。

4. 中国思想波动与世界同步吗?

问：您提到中国思想史的波动，与世界思想史的波动具有一定同步性。你提到中国，是以老子、孔子这些轴心期思想家为中心，是公元以前的历史总结。请您讲一下，从公元后到近现代，中国与世界思想史的波动有同步性吗？

答：这是一个好问题。轴心期以后的 1500 年左右的五次精神波峰变化，以基督教、伊斯兰教、文艺复兴、工业革命的兴起为标志。是不是说中国精神在这 1500 年左右的时间中完全停滞了？也不是。基督教公元 1 至 2 世纪在罗马兴起的时间段，正好是中国道教出现的时间。中国道教创始人张道陵大约小耶稣 34 岁。伊斯兰教公元 7 世纪在中东兴起，这正是中国禅宗兴起的时候。中国禅宗奠基人慧能生于公元 638 年，小穆罕默德 60 多岁。中国道教和以禅宗为代表的中国化佛教的兴起，对东亚文化圈产生了深刻影响，但全球性扩张势能低于基督教和伊斯兰教。

公元 1000 年后西方基督教经院哲学开始兴起，中国则有程颐、程颢兄弟及朱熹的程朱理学，经院哲学和程朱理学的保守的精神气质很相近。公元 15 世纪前后西方马丁·路德新教改革，中国出现王阳明心学。王阳明生于 1472 年，马丁·路德生于 1483 年，王阳明大马丁·路德 11 岁，某种程度上两人率性的精神气质很相似。马丁·路德改变了世界，王阳明没有能造成历史变革。这个时间前后，西方文艺复兴时期，人才辈出。1452 年达·芬奇诞生，1473 年哥白尼诞生，1483 年马丁·路德诞生，1564 年伽利略诞生，1596 年笛卡尔诞生。巨大的能量开始推动人类历史的大变革。中国有王阳明心学以及罗贯中的《三国演义》、吴承恩的《西游记》、兰陵笑笑生的《金瓶梅》等开创性文学作品。中国精神仍然与世界同步，但势能偏弱。

中国思想史波动，与世界思想史波动，有一定同步性。但似乎从秦朝建立中央集权制以来，中国思想家们没有能再达到诸子百家的水平。虽然中国精神与世界精神的同步波动性仍然存在，但中国精神的波峰似乎一路偏低了。从夏朝算起，我们正处于中国历史“五百年王者兴”的第七波峰中，天运的力量正托起我们，我们能把中国精神的突破推到人类精神史上什么样的高度呢？

5.“道可道，非恒道”与无为而治的关系是什么？

问：《道德经》第 1 章非常难懂，大意是讲语言和道的关系，但我不明白这与后来的无为而治有什么关系？

答：“言论”与“道”的关系，与后来的无为而治有密切关系。《道德经》第 2 章中说要“行不言之教”，23 章中说“希言自然”，56 章中说“知者不言，言者不知”。老子为什么强调要“不言”，要“希言”呢？因为第 1 章中说了“道可道，非恒道”，人类的言说，与天道并不统一，并不同构。人类的言说中不包含天道终极真理，所以一说就错，最好不说。尤其是我们想到，《道德经》是针对君王说的，而君王之言，就是命令，就是国家的法令或政策，所以君王多言，就意味着对社会的更多侵扰，这不利于民众自立自为。因为“道可道。非恒道”，所以要求君王“无言”。君王无言，就是无为而治。

问： 哦，人类语言不能表达出永恒的真理，所以君王的语言也不代表永恒真理，所以就不要说话，这样君王朝廷就不制造语言噪声干预社会自然秩序。找到逻辑联系，才能理解。我还有一个问题，为什么“道可道，非恒道”呢？为什么人类的语言不能描述“道”呢？语言不能表达“道”，老子似乎只给了结论。

答： 这个问题我也想了很长时间，直到有一次我读奥地利哲学家波普尔（Karl Popper）的《历史决定论的贫困》（*The Poverty of Historicism*）一书，才受到启发，才感到找到一个似乎可以成立的答案。这个答案就在《道德经》第42章中。

问： 我很好奇波普尔的书是怎么启发你的，在解释《道德经》42章之前，能不能先讲讲波普尔。

答： 凡创造性事件，难以预测，难以计划。波普尔在《历史决定论的贫困》一书中，提到一组观点：第一，人类历史的进程受人类知识增长的强烈影响。第二，我们不可能用合理的或科学的方法来预测我们的科学知识的增长。第三，我们不能预测人类历史的未来进程。第四，那种认为历史有清晰规律的历史决定论的观点是有问题的。第五，计划社会和计划经济的观点是错误的。未来由今天的不可预知的知识发现和创造所决定，所以未来是开放的。因为创造力的释放不可预知，因此重在保护创造，建立开放社会。

问: 创造不可预知，这是真的。写一首诗，画一张画，谱一首曲，艺术家确实难以预知最终结果，过程的灵感出现确实是不可计划的。科技灵感的降临，也的确是不可控制的。还想再听听你受此启发，如何去解释《道德经》第1章和第42章。

答:《道德经》第1章“道可道，非恒道。名可名，非恒名”讲的是人类语言和道的关系。人类靠语言逻辑来理解和控制世界，但天道超越在人类语言逻辑和控制力之上。中国古代用的“名”这个概念，有名称、概念的意思，也有名位、权力的意思。所以“名可名，非恒名”也可理解为天道对人间语言把握和权力控制的超越。《道德经》42章讲的是“道”的特征。“道”的特征是:“道生一,一生二,二生三,三生万物。万物负阴而抱阳，冲气以为和。”讲道是永恒创造力量，世界的秩序是相反力量的互动竞争，趋向动态平衡。我们人类的语言，面对过去的事，可以讲故事。面对正在发生的事，可以通报消息。创造活动指向未来，具有自发性，未来不可知，所以语言难以指向未来。创造影响平衡，创造过程难以预测，平衡的过程也难以预测。语言既表达不了未来的动态的创生，也表达不了未来的动态的平衡过程。因此，“道可道，非恒道。名可名，非恒名。”

问：你是说，波普尔认为人类无法预知知识的增长变化，所以人类未来在人知识范围外，这就启发你，人类的语言，无法去把握道的创造变化，所以才说语言不能说明未来的创造？

答：是这样。把第 1 章和第 42 章放一起，我们就可以得出这样的结论：上天以道创生万物和人类，支配宇宙的秩序。人类的语言认知和控制力，与天道的自发创造隔着重重深渊。决定未来的是天道独立自在的自发创生活动，人类只能信靠上天，顺从天道。

问：所以才提无为而治？不以自己已有的知识和有限的意志去支配社会。

答：对。无为而治，就是指治理天下唯有信靠天道，而不是靠君王个人的智慧和意志。凡认为自己是天人合一者，以自己为上天唯一代表，将天下人控制在自己个人有限的意志和智慧之中，就是僭越上天，违背了天道。

问：这有一个麻烦，如果我觉得我的话缺少真理，我还怎么有信心讲话呢？我怎么教育孩子呢？

答：思想家的思考，都是有针对性的。老子“道可道，非恒道”的语言观，是针对历史上一种主流的语言观来的，这种语言观认为语言源于真理。中国传说，仓颉发明文字，上天降粟如雨，众鬼惊惶夜哭，所谓“天雨粟，鬼夜哭”。语言文字源于神赐，语言文字增加了人的权能。语言是通神的工具，语言与真理同构，名实同构。世界各国都有这种对语言的看法，中国也不例外。中国最早的成体系的语言文字殷墟甲骨文，是用于与神灵交往的，是被贞人和君王垄断和控制的。所以后来孔子说：“唯名与器不可以假人。”语言文字的真理性＝君王祭司的真理性，所以董仲舒也说“名生于真”，今天可理解为理论出于真理。在语言与真理同构的观念中，话语权的控制者就会成为真理的代表。当君王认为自己是永恒真理的代表时，他的权力就会扩展到可怕的地步，他的控制就会深入到社会每个细胞中，这就会绞杀民众的创造力和社会的自然平衡，这是老子最担心的。个人家庭也是如此，如果父母把自己的所有想法视为绝对真理去要求孩子接受，这就会绞杀孩子自发性、自主能力和创造能力，就毁了孩子天生最可贵的潜力，造成孩子的心态病变。

问：孩子有不懂事的时候，我们怎么办呢？我们总得讲话，但讲话又容易造成压抑，这分寸如何把握？

答：每个人对“不懂事”有不同定义。如果按《道德经》42 章的标准，所谓懂不懂事，就只有两个核心标准，一是创造，创生万物。不喜欢去创想去创造，就是不懂事。二是平衡，竞争中的平衡，我们可理解为公平。权利义务的对等。不公平，就是不懂事。当我们感到孩子“不懂事”时，我们要用是否是“创造与公平”这两个标准去检查。我们对孩子的教育，就是要顺从这两个天道准则，不然就可能不是促进孩子成长而是破坏孩子成长了。在这样的前提下，当然可以讲话，可以教育，老子自己不也是写下《道德经》留给我们了吗。

问：我忽然想到，《道德经》第 1 章讲完“道可道，非恒道。名可名，非恒名”后，马上就进入了对创造的描写，这就是“无名，万物之始”！之所以语言不可言说道，是因为道是万物的创始力量。

答：是啊！灵感的来临，从来不可预测。永恒的创生和持续的平衡，这是生命繁荣与和谐的源头。这自在力量语言无法预知，这自然秩序权力无法控制，任何思想者或当权者，皆不是万物和万民创生的源头，也不是生命系统自然平衡的把握者。所以，遵天行道，就要保护每个人的独立和自由，保护每个人身上的自然本性，建自由开放社会，打开众妙之门。

6.《道德经》如何看待鬼的问题?

问：《道德经》第60章，老子谈到鬼和圣人不伤人，老子认为有鬼吗？

答：鬼，指人死后之灵。祖先之灵，也称鬼。认为有鬼存在，并且认为鬼可能作祟伤害人，这在中国有悠久传统。商朝人认为，先人死后，灵就回到上帝的世界，在上帝身边。商朝人敬上帝，但也畏鬼，担心祖灵作祟，因而隆重祭祀祖先，希望祖先向上帝传达他们的敬意，以求上帝护佑平安。周朝继承商朝传统，但周朝的祖先之灵的形象更阳光些，作祟少而保佑多。儒家讲的孝道，根源是商朝和周朝对祖先之灵的崇拜。家族祠堂，就是祖灵之庙，要恭敬供奉香火祭品。祭祀祖灵，求福免灾。商朝周朝尊天事鬼，往后历代不变。北京留下的明清皇家祭祀场所，以祖先灵位配祭皇天上帝的，就是天坛。纯祭祀祖先之灵的，就是太庙。这种认为鬼存在的文化，至今仍然在中国社会中有所保存。清明上坟祭祖看先人，表面是怀念，其实内心深处仍然认为先人之灵以某种方式存在，活着的人需要与它们去交流。认为人死后，仍然以灵的形式存在，这不仅是中国人的想法，也是世界各民族的主流的想法。祖先崇拜，也是上古时期人类普世的现象。

问：老子写到鬼，显然他认为鬼仍然存在。但似乎他也认为鬼没什么好害怕的，鬼是可以被人驱逐的。

答：是这样的。《道德经》第60章说：“以道立天下，其鬼不神。非其鬼不神，其神不伤人。”尊天行道，以道面对天下，鬼就无法显灵。不是说鬼就没有力量了，而是说众鬼就算是显灵也不敢伤害人。行道之人到，众鬼不伤人。

问：照这种说法，读《道德经》，有驱鬼的作用？

答：哈哈，《道德经》中没这么说。《道德经》说的是：“以道立天下，其鬼不神。”重要的是“以道立天下”，鬼在你面前就失去力量。

问： 这有点神秘！行道的标准是什么？怎么才能做到“以道立天下”？

答： 其实不神秘，《道德经》就是讲这些问题的，而且讲得很清楚。我再重复引用几句话来说说。第 42 章“道生一，一生二，二生三，三生万物。万物负阴而抱阳，冲气以为和”，讲的就是创造与公平。当一个人有所创生，服务生命，就是行道。当一个人凭着创造去冲气去竞争，去寻求平衡，以公平求和谐，这就是行道。总之，做有益生命的事，创造服务，公平竞争，就是行道。第 79 章上说：“天道无亲，恒与善人。”天道公正而不偏爱，但总是与善人在一起。也就是说，上天有好生之德，凡尊天行道，自立自主，以创造和服务去行善的人，上天与之同在，能量强盛，诸鬼自然回避。

问： 世上有没有鬼且不说，就算有鬼，只要行善，上天护佑，鬼也不敢作祟。不是鬼怕恶人，而是鬼怕善人。

7. 中国人内心有安定的所在吗?

问: 有一种说法，说中国人有浪人心态，说我们的文化是浪人文化，我们是流浪的心，有不安定感。我学《道德经》时，似乎也有一种变易感，《道德经》是不是也影响了中国人的浪人心态?

答: 浪人这个概念，指的是日本幕府时代，那些脱离了藩籍的武士群体。这些武士原属于日本“士农工商”中的士阶层，是底层贵族，原本服务于幕府将军和各诸侯。1868 年日本明治维新幕府体系瓦解，十几万武士失去俸禄，离开主人家到处流浪，无财产，无后路，有武艺，很凶残。这些人后来成为日本对外侵略的重要力量。从这个意义上来说，浪人这个词似乎不太适合用在中国人身上。

问: 中国春秋战国时期的士阶层，也因周王朝衰败及诸侯贵族的兴衰变化，相当一部分散落民间，孔子不也说自己是丧家狗吗?

答: 这部分散落民间的士人，从固定的家臣变成了游士，他们失去了原有的依靠，也多了一份自由。孔子自嘲为丧家之狗，也自美为飞鸟能择木而栖。中国的游士更多是文士不是武士，这与日本的浪人不同。当然，没有退路，有冒险精神是一样的。因为这些游士是中国春秋战国时期的主要的文化奠基者，对中国人文化心理影响深远，说中国人有游士心态，应该更准确一些。

问：游士与武士，一文一武，但都在游走中找工作，他们内心应当都不安定。

答：是的。他们都没有自己的根基，他们的雇主就是权力贵族，所以他们本质上是职业经理人心态，内心有焦虑和不安定感，这种情绪也会释放到他们的思想作品中，影响后人。例如孔夫子的“道不行，乘桴浮于海”的说法，知道这个世界不属于自己，随时准备走人。这还是从现实层面看的。但更深层的层面是，他们中许多人，将变易的精神上升到了形而上的层面，从而构建了一个形而上的流浪哲学，将变易视为宇宙的本性，这才是最要命的，这是中国古代许多知识分子最令人失望的地方。历史之中，有成有败，有兴有衰，世界各民族都一样，但并不是各民族的内心都在流浪。犹太人历史上多次国破家亡，流浪到世界上，但他们内心里却不流浪。我们中国人生活相对安定，但却有一颗流浪的心，中国春秋战国的游士知识分子要为此承担责任。

问：这样的区别是怎么来的？

答：问问我们自己内心，可能许多朋友都会有不安定感。我们内心不安定，有现实生活上的变化和困难的原因，更深层的是源于我们的世界观，是因为我们的文化精神传统。本来，愈是现实苦难，愈要寻找精神的安定。寻找精神安定的努力，会发现动荡世界后的恒定的依靠，但中国主流传统思想者在这方面似乎失败了，他们中一些人不仅很少向这个方向努力，而且向相反的方向奔去，反而去关注和总结那些变易的现象，将其转化为形而上的描述，认为变异是本质，使人的心灵更加不安定，也因此绝望而功利。中国传统思想者，总体来说没有能为中国人的精神建设起一个强大而且安定的所在，使我们的灵魂缺少一种安定与从容。

问：这种精神的安定所在，可否解释一下？

答：我以《圣经》“诗篇”四十六首为例来说明一下：

上帝是我们的要塞，是我们的力量，是灾难时对我们及时的救助。即便大地移动，大山滑入海中，大海愤怒咆哮，群山颤抖膨胀，我们无所畏惧。有一条河，把快乐带向上帝之城，那至高者神圣的所在。上帝在这城里，这城永不毁坏。

这首诗我没引完，只引了前面部门。大家看，前面讲世界的动荡与灾难，后面讲上帝之城的永恒稳定。人通过信仰与上帝之城联接，人因此就不畏惧人间的苦难与动荡。而且，这永恒之城还与现实世界相连，最后还会降临现实世界。这就是一种精神传统，是历史留下的精神财富，给人精神的安定和安慰。中国文化中，相对缺乏这种精神资源，心中难建永恒之城。这是世界观问题。

问：中国人立德、立言、立功的现世追求，就不考虑彼岸世界了，从现实中求满足，是这样吗？

答：有强大彼岸世界文化的民族，并不意味着就不追求现实的成就，也许还更能追求现实的成就。任何民族都有务实的一面，所以你讲的这种入世的态度，其实不算什么优点，而是一种缺点，是缺少另一个层面的思考和精神资源。现实总是变动的，人总要面对生死，人性深处不可能不需要和不考虑彼岸世界问题，只是这种思考是需要原有精神资源的。指向彼岸世界的精神资源少，精神就难以升华。

问：佛教也有彼岸世界，也是安定的彼岸世界，这该怎么看呢？

答：《金刚经》上说："一切有为法，如梦幻泡影，如露亦如电，应作如是观。"动荡的生活，会使中国人对此有共鸣，加重了对宇宙动荡和生命动荡的绝望。当然，佛教同时也提供了彼岸世界的指向，如老太太们口念南无阿弥陀佛，求往生西方极乐世界。这是佛教在中国得以发展的核心原因。佛教有彼岸世界，有众佛菩萨在接引信众进入众佛菩萨世界。但这彼岸世界建立在彻底否认此岸世界的前提上，虚无了现实，指向了彼岸。中国古代知识人在彼岸世界上的虚弱，将彼岸世界的空间留给了其他文明，彼岸世界强的文明。历史上是佛教影响大些，未来可能是基督教影响大些。

问：佛教可以解决流浪之心吗？

答：佛祖为了强调彼岸世界的不流浪，在某种程度却强化了人在此岸世界的流浪感。佛教传入，更强化了中华心灵对世界"如梦幻泡影，如露亦如电"的感知。释迦牟尼强调现实的变幻与苦难，认为这个世界是一个燃烧的房子，救不了也无法救，最好走人。走哪儿去呢？如何去呢？那个彼岸世界是什么样子呢？佛祖自己心中有永恒的世界，有不生不灭不增不减之光。佛祖留下的所有佛经，就是想说清这难以说清的永恒之路。但佛祖拒绝我们这个世界，他留下的现世心灵，仍然是浪人孤儿和灾民式的孤独流浪之心。

问：你说历史是佛教影响大，是历史总结。说未来是基督教影响大，这是预测，理由是什么？

答：这又是一个大议题。我们讲《道德经》，却延伸到这些问题来了。我只说结论，不多分析了。佛教描述的彼岸世界，是面对个人的，是避开现实苦难而个人修佛往生的问题，缺少公共性。基督教的彼岸世界精神，是集体性的，而且是彼岸、此岸不分的，是要用彼岸世界的标准来完善此岸世界的，有很强的公共性。人性中有个体性与公共性，佛教的个体性彼岸世界会吸引关心自己的人，基督教的公共性彼岸—现实世界，会吸引关心社会的人。经过几千年的个体化宗教文化训练，中国不缺个体意识，但中国人缺少公共意识，所以公共人格的需求大。

问：那么儒家和道家呢？

答：中华文明之初，商朝甲骨文求神占卜，指向一个彼岸世界，一个由上帝主宰，有自然诸神和祖先之灵活动的世界，那是一个永恒的世界。周朝《诗经》之中，有彼岸世界的温暖。例如："文王在上，于昭于天。周虽旧邦，其命维新。有周不显，帝命不时。文王陟降，在帝左右。"文王之灵升上天，闪耀在天上。周虽旧国，承受天命建立新王朝。周朝光辉荣耀，完全遵照上帝的意旨。文王神灵升降天庭，在上帝身边啊。文王战胜世界的力量，源于上天旨意。周人维新世界的力量，源于上帝天命。周人认为，先人逝世，不会消失，会飞向天界，环绕上帝身边，与先祖团聚。周人心中，有辉煌的彼岸世界。

问：周朝这种指向上天的精神取向，为什么没有被继承和发展起来？

答：原因复杂。我在《上帝在中国源流考》一书中，认为这与后来天子垄断皇天上帝祭祀权有关，民众逐渐脱离了皇天上帝祭祀活动。从《诗经》中看，祭祀皇天上帝有集体性特征，但后来就逐渐被君王垄断了。仅从彼岸世界这个角度看，儒家早期有彼岸世界表达，但后期退化了。道家出入在彼岸和此岸之间，但道教彼岸世界的构建质量差，加上后来的衰落，降低了原始道家的彼岸世界吸引力。所以在彼岸世界上，今天的儒家和道家不如基督教和佛教，所以儒、道两家在这个方向的精神资源会被基督教和佛教吸收。因为基督教和佛教的彼岸世界相对强大，所以只可能是基督教和佛教吸收儒道而不是相反。老子、孔子与释迦牟尼及耶稣方向不一样。儒、道从天道关注出发，最后都落回现实治理之中，耶稣和释迦牟尼从现实苦难出发，最后升向彼岸世界，所以基督教和佛教的彼岸精神资源更强大些。当然，道教里有一些有生命力的彼岸精神因素，如果上天安排大思想者去继承和革新，也许今后会有空间。

答：我读过一些《道德经》有关的书，也感到《道德经》充满变易。《道德经》里有给人恒定和安定的精神资源吗?

答：过去有人提到《道德经》讲变易，我就觉得不太对，所以专门查过。《道德经》中没有出现过一个“变”字。《道德经》中出现过11次“易”字，但都与“变易”的意思没有关系。我说中国古代思想者没有能留下那种永恒与安定的精神资源，但并不是没有。老子、孔子自己内心都是有依靠的，只是孔子没有重点突出他对上天的依靠内容，而老子在《道德经》中的表达又太抽象晦涩，大众难明白。《道德经》是中华极其宝贵的恒定精神的思想资源。我读《道德经》，看到的是恒定，体会到的是信心。《道德经》与《圣经》许多篇章的精神气质其实很像。

问:《道德经》中所强调的宇宙中恒定不变的内容，可否再解释一下？

答: 老子在《道德经》中说:“知常明也。”（16章）知道那恒定不变的，才可称为明白。《道德经》所揭示的就是永恒的天道。变动的世界之上，有恒定的上天之道。一部《道德经》，就是要把大家引向这个永恒。生命之路，就是敬天行道，与永恒同行。《道德经》第1章:“道可道，非恒道。名可名，非恒名。无名，万物之始。有名，万物之母。”讲的就是永恒的问题。强调万物之母，万物之本原，是永恒自在的。老子生活的时代，老子并不被人理解，也为众人所嘲笑。《道德经》中表达了他与众不同，受人嘲笑的情况。“我独异于人”（20章），老子与众不同;“天下皆谓我大”（67章），众人说他讲大话空话;“我独顽以鄙”（20章），众人说他冥顽而不文明。但老子并不因此而孤单沮丧，他很自信，“弗大笑，不足以为道矣”（41章），不被人嘲笑的，就不是真道也。老子的自信来源于他心里的信念，他相信“天道无亲，恒与善人”（79章）。他心中有坚固的依靠，对永恒的万物之母的依靠，“而贵食母”（20章），“复守其母”（52章）。

问: 你这么一说，《道德经》不仅是智慧，也是信仰了。

答：好总结！《道德经》是通过智慧的揭示，来传达信仰的内容。对那永恒创生的终极本体的信仰，对那永恒的平衡和谐的深层秩序的信念。有人认为，智慧与信仰是矛盾的。信仰是信从，智慧是思考。其实，思考到最深处，你会信从。信仰到最深处，你才拥有智慧。

问：按您这样解释，《道德经》中有深层的彼岸世界的信息，这是中国本土信仰精神的重要基础。中国未来新文化的基础，如果要找本土资源的依托，就应返回《道德经》，再重新开拓新路。

答：对中国思想者来说，思想的进程，当然必须从中华轴心期的原典出发，从《道德经》《论语》等诸子作品出发，这是中国人之所以为中国人的精神特质。但是，放大一些看，我们把自己当成人类一员，我们就应以人类为导向，以世界为舞台，去体会和吸收人类一切关于彼岸世界的启示，去学习并创造人类一切关于建设此岸世界的知识，去建设人类共同体的未来新文明，更博大、和谐、美好的新人类文明。

问：我问一个小问题。教育孩子，我们如何面对彼岸世界的问题？

答：世界动荡不宁，生命起伏不定，人心得有永恒的依靠，这能使人超越那种孤儿的流浪之心，人才能有内心的安定与幸福。中国人讲以不变应万变。心中得有不变的依靠，这对任何人都非常重要。引导孩子走向信仰，引导孩子找到灵魂的依靠。在这样的前提下，帮助孩子掌握理性科技的思想方法，孩子在现实中有创造力，变得有用而有尊严。信仰与理性，生命两大支撑。信仰和理性的信息，存在于《圣经》《道德经》《理想国》《几何原本》等人类经典之中。

8.《道德经》语言观与《圣经》语言观的差别是什么?

问：老师讲课中提到《道德经》的语言观与《圣经》的语言观的差别。这种差别，对中国与基督教国家的文化差异有什么影响？请老师再解释一下。

答：语言观的差异，确实对人的精神影响很大。《圣经》"创世记"这样写："起初，上帝创造天地。地是空虚混沌，渊面黑暗，上帝的灵运行在水面上。上帝说：'要有光'，就有了光。"注意这个细节。光，是上帝"说"出来的。上帝与光之间，有“说”联接。宇宙秩序，万物和生命，生于上帝之“说”。《圣经·约翰福音》这样写：“太初有道，道与上帝同在，道就是上帝。这道太初与上帝同在。万物是藉着他造的。”语言与上帝有关，与创造有关，很神圣，这看起来与《道德经》不同。大家会认为，《道德经》首先否定了人的语言可以表达道，可以表达终极本原。人的语言逻辑是人的控制力的展现，这就意味着人的控制能力与天道并不同构。对语言的信任，就是对人的权力的信任。对语言的不信任，就是对人的权力的不信任。

问：你的意思是，如果不信任语言可以通往永恒世界，我们的语言就不会发展，我们的控制能力就不能扩展。所以，我们要坚持对语言真理性的信任？

答：我同时认同《道德经》语言观和《圣经》语言观。这看起来有些矛盾，其实不矛盾。《圣经》认为话语神圣，指的是上帝的话语神圣，是上帝用话语创造万物。但其实《圣经》也认为，上帝是不可知的，上帝的宏大计划是不可知的，正因为不可知，才强调信仰的重要性。如果都可知，就只需要理性和智慧，不需要信仰了。老子否定人类语言的永恒真理性，就是强调天道对人类的语言、权力的超越性，要让人知道人在无限天道面前的有限性，同时老子也就强调对语言难以表达的天道的信从。知道天道无限，语言有限，只是要我们对自己的有限性有认识，但不是说我们就放弃对上天之道的追寻，不是说我们就完全放弃语言，而是让语言更接近天道一些。如同《圣经》强调上帝不可知，但仍然留下 90 多万字（《圣经》和合本）的上帝之言；如同老子强调“道可道，非恒道”，但仍留下了《道德经》；强调不立文字的禅宗，也留下《坛经》等著作。追寻一个我们知道永远抵达不了的终极目标，这种永远的坚持，需要坚定的信仰来支撑。

9. 有可能出现一个太极图社会吗?

问：你在一篇文章中提到过太极图社会与金字塔社会的区别。中国自有文字记载以来的历史，都是以王为中心的君主制的历史，是金字塔社会的历史，并没有出现过太极图式的制衡秩序的历史，这是为什么？

答：中国人都知道太极图，都知道太极图是宇宙秩序的图形表达。太极图的秩序，不是一个中心调控秩序，而是阴阳对立统一的平衡秩序，这样的秩序，在中国历史上并非完全没有出现过。春秋时期，晋楚对抗，力量均衡，形成过均势下的和平秩序。后来被打破了。现在我们看世界时，我们会发现太极图秩序的存在。凡自由开放的共和秩序，就是太极图秩序，任何领域都开放竞争。政治上多元竞争，最终形成两大相反力量的博弈，国家政治就走在左右摇摆的太极图S线上。

问：中国的智慧，在外面结出了果实？

答：不能这样说。共和秩序的建立，并不是学习中国阴阳平衡的哲学的结果，而是西方文明自我发育出来的。通过制衡实现公平的观念，在西方思想史上一样有深远传统，只是不像中国太极图这样表达得清晰明快。中国人讲天人合一，如果太极图代表上天之秩序，那么我们的法律和道德安排，都应以此秩序为准则。但是，虽然太极图如此有名，“万物负阴而抱阳，冲气以为和”如此有名，可中国历史上似乎没有一种力量去推动这样的制度实践，这是一个令人费解的问题。

问：制衡制度在西方实现，共和成为主流，西方世界，是什么样的力量在推动制衡制度实现的呢？

答：这是一个好问题，研究这个问题也许反过来能给我们理解中国的制度带来一些启发。共和制度在西方建立，有多重原因。从纯理念的层面看，我认为是两个结合，这是《独立宣言》中有的。《独立宣言》是解释美国人为什么要脱离英国建立独立国家，提到的核心依据是上帝和自然法，认为人与人平等的地位是自然法及自然法的上帝所赋予的，英文是 the Laws of Nature and of Nature's God。也就是说，上帝及上帝之自然法赋予人们平等的权利。西方近代共和制度建立之前，有一个"上帝 + 自然法"思想运动。在古希腊和古罗马哲学中，自然法的概念非常重要，这是超越万物的神圣法则。基督教神学家进一步强调了上帝与自然法的统一，将自然法视为上帝运行宇宙万物之法则。新教变革开始后，西方近代思想家们特别强化了"上帝 + 自然法"概念中本有的平等内涵。纯粹从思想观念角度看，以英美为代表的共和制度就是西方近代兴起的"上帝 + 自然法"思想运动的制度结果。如果以"上帝 + 自然法"的视角去审查中国思想史，也许可以回答为什么太极图社会秩序还没有在中国出现的问题。

问：如果将"上帝 + 自然法"视为西方共和制度的精神基础，中国没有类似的概念，是不是说中国就没有实现平等的共和制度的可能？

答：不能说中国没有类似于上帝和自然法的概念。中国宗教哲学中的至上神的“天”或“上帝”，就类似于西方宗教哲学概念中的God。中国的“道”的概念，就类似于西方宗教哲学概念中的“自然法”。我说的是类似，不是指完全等同。一阴一阳之谓道，太极图是中国式自然法的图示。上帝或天，或皇天上帝，这是中国人赋予至上主宰神的概念，这概念在商朝周朝时就形成了。所以，西方的“上帝+自然法”，用中国人自己的类似概念来表达，就可以表达为“天+道”，就是老子《道德经》中多次用到的天之道，天道的概念。也就是说，中国自有概念中，与西方“上帝+自然法”大体对应的，就是“天+道”=上天之道，或者“上帝+道”=上帝之道。再清楚一点，就是“上帝+太极图”。太极为上帝之道，唯有信仰上帝，才有使命感去实现太极之法。

问：你的意思是，太极图只是法律，上帝或上天才是法官。如果没有法官，就没有人去执行这法律？

答：正是。天是至高人格神，是创世者也是主宰者，对上天的祭祀历朝历代绵延不绝，但这祭祀权被天子皇家垄断了。“天”这个概念，人格神意义上的解读，留给了皇家。对民间来说，天逐渐失去了至高人格神的能动的力量，与民众的生命动力脱离了。天子是奉天承运，但民众都不能奉天承运。没有上天的太极图，只是一套没有法官的法律，这样的法律就只是给人看的，不是让人必须去落实的。所以，中国社会中之所以缺少实现太极图的力量，是因为天子垄断了上天崇拜和上天祭祀，而天子都不喜欢太极图，只喜欢金字塔。没有人把太极图视为天命，没有人要为太极图秩序献身，这是精神的根子。太极图不是中心控制秩序，而是平等竞争的平衡秩序，太极图制度自然不允许有人超越在公平竞争和相互制衡的秩序之上。但这样的太极图秩序，只能产生在相信上帝面前人人平等的民众之中。不是太极图，就是金字塔。不是君主权，就是自主权。太极图制度，属于自主权制度。

10. 为什么中国人没有形成强大的天道信仰？

问：儒道两家都讲天道，但为什么中国没有形成一个强大的天道信仰呢？

答：与上一个问题一样。天和道，天是动力和主宰，道是法则和秩序。天子垄断了上天崇拜，割断了民众与上天的联系，民众与天就不再有直接联接，只能通过天子来实现，天子就成了事实上的唯一的动力和主宰。除此之外，就是战国时期兴起的荀子、商鞅的法家思想，否定了天的神圣性和主宰性，消解了人们对天的信仰的程度，这也是一个深层的原因。

问：荀子不是儒家吗？

答：把荀子当儒家完全是错误。荀子在世界观上，与孔子背道而驰。例如，孔子崇拜上天，敬畏天命，荀子说："大天而思之，孰与物畜而制之？从天而颂之，孰与制天命而用之？"把孔子心中最高的神和最高的主宰，完全当成事物来控制，把神圣的天命，也当成可以控制使用的东西。这样的情况下，世界之上不再有主宰，所以人就凭本事争夺人间的主宰地位。李斯和韩非是荀子的学生，他们都是法家。韩非严厉批判儒家，李斯则提出了焚书坑儒的计划。就这样还把荀子当儒家，不知后代儒家们是怎么想的！

问：天子垄断上天信仰和中国唯物主义法家的发展，这是天道信仰在中国弱化的主要原因吗？

答：这是两个主要原因之一，还有一个就是以"敬天保民"为国策的周王朝的衰败期，正是中国春秋战国诸子百家的兴起时期。周王朝衰落了，以成败论英雄，这也使许多人对敬天保民和敬天行道的作用产生质疑。司马迁写《史记》，就公开质疑天道。司马迁的黄老道家思想，是道家思想和法家思想的结合，法家色彩蛮重，《史记》对中国人的人格形成有深远影响。

问：司马迁是如何质疑天道的？

答：《史记·伯夷列传》记载：周文王死后，周武王讨伐商纣王。伯夷、叔齐反对以暴易暴，劝阻周武王说："你父亲死了不安葬，大动干戈去打仗，这算孝吗？你身为臣下，要去杀君主，这算仁吗？"姜太公认为他俩算是义人，让人别杀他们。周武王、姜太公等平定商朝建立周朝后，伯夷、叔齐以周为耻，拒吃周粮，饿死首阳山。讲完故事后，司马迁就这样长篇感叹：

老子说："天道无亲，恒与善人。"像伯夷、叔齐，算不算是善人呀？他们修德积仁，纯洁行为到如此地步，却饿死了！七十门徒中，孔子只介绍颜回为好学之人，但颜回却常处于穷困之中，连糟糠也难吃饱，过早夭折。上天为何这样对待善人呀！强盗柳下蹠每天滥杀无辜，把人肝当肉吃，暴戾纵欲，聚党徒数千人横行天下，竟得以寿终。他遵循了什么德呀？至于近世，有些人操行不轨，专门触犯律法禁忌，却终身安逸快乐，家族富贵累世不绝。有的人选好正道才举步，看准时机才发言，不走邪道，事情不公正绝不发愤而为，但这些人遭遇灾祸的，不可胜数。我非常迷惑！所谓的天道，对还是不对呀？

这可能是中国历史上对天道不公的第一份长篇质疑。这不仅仅是司马迁借伯夷、叔齐悲叹自己无辜惨遭宫刑，更有春秋战国以来质疑天道的思想潮流的影响。这种不再相信天道公平的想法，让人们对人间公正失去了信心，那么剩下的就是，在一个本不公正的世界中，不择手段去谋取自己的好处。

问：《圣经》之中，犹太人也经常失败倒霉，但似乎没有失去对上帝的信仰。

答：这正是差别所在。苦难，可以摧毁信仰，也可以强化信仰，就看思想者们如何面对。《圣经·约伯记》中，当苦难无端降临，约伯坚守了上帝信仰不动摇，与司马迁形成了强烈对比。约伯家产丰厚，儿女成群。约伯为人正直，敬畏上帝，远离恶事。魔鬼出手打击约伯，目的是要让约伯怀疑上帝，背叛上帝。一天之内，约伯家七千只羊、三千峰骆驼、五百头牛、五百头驴被抢，仆人被杀，七个儿子、三个女儿死于房屋倒塌。消息传来，约伯便起身，撕裂外袍，剃光头，跪伏地上敬拜上帝说:“我赤条条来于母胎，也赤条条归去。主所赐予者，主已收回。要称颂主的名。”在这件事上，约伯并没有犯罪。虽遭受厄运，他没埋怨上帝。这以后，魔鬼又让约伯从脚到头，长满毒疮，约伯不理解自己为什么会突然遭遇大难，极度痛苦。但无论魔鬼施加什么苦难给他，他都不诅咒上帝，不背叛上帝。约伯承受住了考验，他的信仰，在苦难下屹立不倒。约伯信仰坚定，为上帝喜欢，最后上帝赐福约伯，约伯比过去更加富有，多子多孙。《圣经》这样的描写，有强烈的示范作用，告诉大家无论经历多大苦难，不要失去对上帝的信仰。从这个意义上看，犹太思想者比中国古代思想者们更懂得信仰的重要，懂得在内心建设永恒圣殿对生命的意义。

问: 问题是:真有天道吗?上帝之道，上天之道的存在是事实吗?

答: 不相信上天存在，不相信上天之道，这样的人读《道德经》，就会把《道德经》读成一种统治术，甚至是阴谋术。或者，把《道德经》当成修身养性的养生之术。历代注家，也故意忽略了《道德经》中的“天道”或“天之道”这样的概念，忽略了《道德经》中至高人格神“天”

的主宰性的存在。这就遮蔽了《道德经》本有的信仰本质。从至上神“天”的角度出发，才能体会到《道德经》的信仰的力量，才能体会到履行上天之道的必要性和迫切性。

问：司马迁质疑天道，正好针对的是老子所说的“天道无亲，恒与善人”这句话。司马迁只是质疑，还没有否定。这种对天道的质疑，会对人的行为，对社会造成什么影响呢？

答：一旦怀疑天道不公，善无善报，恶无恶报，意味着认定宇宙本质不公正，意味着相信不公正是必然，意味着人在这个世界上，要面对的不是善恶问题，而是输赢问题。有本事，你就不择手段去赢；没本事，你就苟且偷生求活。宇宙的本质是不公正的，没人公正，也不可能求公正。坚信宇宙秩序的善与公正，无论遭遇多大个人苦难，都不失去对“天道无亲，恒与善人”的认定，无论受到多大的无辜伤害，都不失去上帝是公正与善的信念，这是在人间保有善恶是非观念的前提，这是在人间勇于去和邪恶斗争的前提。

问：孩子教育中，有必要引导孩子相信世界的公正吗？

答：非常必要。相信公正，才可能公正。信任世界的能力，是生命中最重要的能力之一。世界上当然有不公正之事，但人得立基在相信公正之上，这样才可能建设一个公正的心态和公正的世界。一个人行事公正，其实最安全，最有人缘，长期看最易成功。公正之心，首先是宇宙观，对宇宙益生的信任，对天道益生的信任，正如《道德经》55 章所说："益生曰祥。"

11. 道家、儒家、基督教对平等有什么不同看法?

问:《道德经》讲平等，太极图就是平等思想的图形化。但《论语》似乎讲等级，与《道德经》的矛盾很大，如何看待两者差异?

答: 太极图是平等思想的图形化。但更准确地说，太极图是对宇宙秩序的一个图形描述，揭示的是负阴而抱阳的宇宙秩序。人与人平等的思想，是将这种宇宙秩序运用到人类社会的表现。儒家认为，这个宇宙是上下等级结构或中心边缘结构，如孔子说:"为政以德，譬如北辰，居其所而众星共之。"平等与等级，确实是道家与儒家之间的核心差异之一，根源是背后宇宙观的不同。

问：现在宇宙学似乎并不认为宇宙是中心边缘和等级制的，儒家的认知是错的吗？

答：从经验中，我们会看到中心边缘和等级结构。例如一个企业，肯定会有中心边缘和决策等级，这是客观秩序。例如太阳系的中心，就是太阳，行星是围绕太阳转的。不能说儒家社会等级观就完全没有客观世界的依据。只是说，如果看得更远一些，看到宇宙去，就会发现无限的宇宙是无中心无等级的，是太极图一样的秩序。在这个意义上，儒家、道家之间的差别，是一个视野上和心量上的差别，也可以说是内心空间大小的差别。非中心结构的道家太极图世界，能容纳众多小中心组织生长；如果社会是一个儒家式的金字塔中心结构，就难有其他中心组织存在的空间，社会活力就会大减。以道家为本的无中心秩序，可以容纳众多有中心的儒家小系统。

问：基督教讲上帝面前人人平等，与《道德经》有类似吗？

答：类似。《道德经》的潜结构与《圣经》潜结构类似，都认为在至高造物力量之法则下，人人平等。

问：孔子讲“君君、臣臣、父父、子子”，讲的不过是现实。任何时代任何国家，难道人与人之间不是等级性的吗？就算在美国，美国总统的等级一样比普通百姓高。为什么道家和基督教明明知道社会等级是事实，但仍然要反对等级制度呢？

答：天主教内部也是等级制的，讲平等的主要是基督教新教。你提到的是一个重要问题，我讲一个故事吧，有助于回答你这个问题。1971 年，美国心理学家菲利普·津巴多（Philip Zimbardo）领导的研究小组，在斯坦福大学心理学系大楼地下室设立模拟监狱，进行了一项关于人类对囚禁反应的心理学研究。从斯坦福大学自愿报名参加实验的学生中，选出 24 名心智表现健康正常的学生，随机安排一半扮演囚犯，一半扮演看守。实验采取了高仿真监狱的方式。

两组学生很快适应了自己的角色定位。两周之中，“看守”变得日趋权威严厉、居高临下，而“囚徒”则日趋畏缩胆怯，丧失了平等意识。实验开始的时候，两组人之间没有任何区别，不到一周，他们之间已经变得没有共同之处了。严重的是，“看守”学生逐渐超过预设的界限，其中有三分之一被评价为显示出“真正的”虐待狂倾向，开始对“囚徒”实施虐待，其他“看守”学生跟随，对“囚徒”学生造成了伤害，试验开始进入失控状态。原定 14 天的试验，到第 6 天就宣布结束。

2007年，菲利普·津巴多的著作《路西法效应：好人是如何变成恶魔的》（*The Lucifer Effect: Understanding How Good People Turn Evil*）出版。该书强调，人的行为深受角色定位影响。在特定情境和角色定位下，人会按照角色进行行动，拥有权力的一方容易表现出滥用权力的邪恶的一面，出现“路西法效应”。路西法指反叛天使的魔鬼。

问： 这个故事说明儒家的等级制思维是有问题的吗？

答： 我们从中可以想到儒家和《圣经》及《道德经》的一个重要区别。孔子的“名不正则言不顺，言不顺则事不成”，说要把事做成，一定要先安排好名位角色。孔子“君君、臣臣、父父、子子”的观点认为，君臣父子的思想行为，要严格遵守自己的等级角色定位。看来孔子深知角色定位对人的思想行为的影响。礼教，就是通过强化人对自己的等级角色定位的礼仪认知，来塑造人的等级性的行为方式。礼教把权力赋予了君王、官僚、男人、父亲、兄长，他们如同斯坦福试验中的“看守”。但可怕的缺陷是，礼教中没有设定强有力的预防当权者们“路西法效应”的措施，当“虐待狂倾向”暴发时怎么办呢？

问： 权力易使人行恶。礼教是赋予了一些人比其他人更大的权力，这可能造成虐待。但孔子设定的是君仁、臣忠、父慈、子孝，并没有让有特权者去行恶呀。

答：良好的愿望并不能形成对现实的制约。《圣经》知道人性易行恶，所以用上帝面前人人平等的信仰及制度来克制人对人的虐待。摩西十诫有两个等级角色定位，一是上帝与人的角色定位，人只能崇拜和敬畏上帝，上帝面前，人与人是平等的。在人与人的等级角色定位中，只有一个，就是人要敬重父母。没有君臣男女兄弟的等级角度定位。耶稣把父母子女的等级角色定位也清除了。

问：耶稣清除了人与人的社会等级角色定位，这怎么讲？

答：《圣经·马太福音》中记载：耶稣还对众人说话的时候，不料，他母亲和他弟兄站在外边，要与他说话。有人告诉他说："看哪，你母亲和你弟兄站在外边，要与你说话。"他却回答那人说："谁是我的母亲？谁是我的弟兄？"就伸手指着门徒说："看哪，我的母亲，我的弟兄。凡遵行我天父旨意的人，就是我的弟兄、姐妹和母亲了。"

耶稣认为上帝面前，皆为弟兄姐妹和父母，不再设定人与人的等级角度。

问：儒家等级思想确实影响大。儒家要求人活着的时候要遵从等级，人死了也要重视丧礼等级，是吗？

答：是啊，儒家生生死死，皆在等级中。这方面与《圣经》差别大。犹太教中，生之礼仪和死之礼仪，一视同仁，人人平等。男孩生下来后割包皮，不论家庭地位如何，仪式一样。人去世后，同一种白麻裹身，同一种棺材形制。社会等级角色，不入生死。

问：基督徒之间互称兄弟姐妹，是学习耶稣吗？

答：互称兄弟姐妹，指平等而合一。耶稣不讲社会角色规范要求，待人一视同仁。善者赞扬恶者批判，善恶准则不因社会等级角色而改变。耶稣以导师的身份，跪下给弟子洗脚，这是用爱与服务来消除等级差别的行动。摩西、耶稣心中，上帝之下，人与人平等。人的社会角色由上帝所定，任何人的角度都只是暂时的，不具有永恒性，不具终极意义。任何强化、固化人间等级角色的做法，任何将特权赋予特定人、特定阶层的做法，都可能使特权者“虐待狂倾向”释放，造成“路西法效应”，或者说“魔鬼效应”。

问：从这个角度和意义上看，礼教哲学，或是出于认知上的无知，或是魔鬼的诡计。五四运动中鲁迅、吴虞、胡适等认定礼教吃人，就是正确的了？

答：老子在《道德经》中说："夫礼者，忠信之薄，而乱之首也。"（38 章）中国诸子之中，最反对等级角色行为规范定位的，有道家和墨家的部分思想家。太极图，不是一个等级图，而是一种平等互动图。没有阴阳对冲平等竞争，克制不了恶，达不到和谐。中国诸子中，最能与《圣经》共情的，就是《道德经》。五四运动反礼教是合理的，但却没有提出合适的替代路径。

问：这怎么解释？

答：从五四运动打倒礼教到现在，中国并没有建立起一个真正人格和权利平等的社会。鲁迅、吴虞、胡适他们看到礼教问题而反礼教，这没有错，但他们有认知上的大缺陷。他们完全不明白，如果平等不是一种神圣信仰，如果没有对上帝或上天的信仰或在上帝上天面前人人平等的坚守，人间不可能有平等。就算旧礼教的等级角色定位崩溃了，新主义的权力等级角色定位仍然会抬头，虐待狂吃人倾向仍然会放纵，人的魔性仍然得不到控制，邪恶仍会横流。太极图只是一种智慧的静态表现，只是天之道而非天本身，缺少一种促进人去奋斗的动能。忘了太极之上的上天或上帝，太极图就只是图，不是必须去实现的上帝之法。《圣经》中的平等，是出于上帝信仰，有一种能动的力量必须去实现平等。在这个意义上，平等是需要心理能量去推动的。上帝面前人人平等，天命自由的信仰，才能实现人不虐待人的基本目标。《道德经》中的天之道的概念，可以用“上帝之下的太极图”来更形象地表达。如果太极图为上帝之道，实现太极图世界就是遵循上帝旨命，实现太极图世界就是天命指向。

12. 如何教孩子学习历史?

问：我孩子刚读高中，喜欢历史，喜欢看历史传记，但就是对历史课本不感兴趣。怎么办呢?

答：喜欢看传记是正常心态，不喜欢历史课本也是正常心态。

问：请再解释一下。

答：以最流行的是人教版的高中历史课本为例。第一单元是古代中国的政治制度；第二单元是古代希腊罗马的政治制度；第三单元是近代资本主义政治制度的确立与发展；第四单元是近代中国反侵略、求民主的潮流。高中历史课本核心内容是政治制度史。教材编写者们也许认为，历史教育就应当是政治制度史的教育，就是论证今天的制度是历史演进的正常结果。第一课是夏商周的政治制度。夏商周时间跨度约 2000 年，是中华民族血脉和文化的奠基时期，课本用一课讲完，内容就是四个制度知识点：禅让制、世袭制、分封制和宗法制。然后进入第二课，秦朝中央集权制的形成。历史教育就是干巴巴的几个政治制度的概念，这里面没有人，没有故事，没有成败得失的分析，没有人生的经验和教训，没有善恶是非的评价，没有人生价值的构建，用中国传统的概念来说，就是缺德。所以你孩子学历史，关心人物，不想缺德，这很好。

问：你不认同现在的历史课本，但考试就以课本为依据，家长和学生也没办法。你能讲讲反对现行历史教育方法的理由吗？

答：学习这样的历史课本，学生能知道夏商周开国者们的故事吗？能知道大禹为治水居外 13 年过家门而不敢入的故事吗？能知道大禹强调“清意以昭待上帝命”，要洁净自己思想以等待上帝的命令吗？能知道商汤为祈雨而把自己当牺牲奉献上帝吗？能知道伊尹由家奴成为厨师，又成为间谍，再到成为商朝开国丞相的传奇故事吗？

能知道伊尹认为“惟上帝不常，作善降之百祥，作不善降之百殃”吗？上帝不会固定不变对待人，行善，上帝降下百种吉祥，行不善，上帝降下百种灾殃。能知道周文王曾被关在牢里七年，但研究《易经》并将八卦演化为六十四卦，成功获救后积极进取奠定了周灭商的基础吗？能知道夏桀、商纣王为什么失败，商汤、伊尹、周文王、周武王为什么会成功吗？能有机会对这些历史人物的成败得失善恶是非进行讨论分析吗？能从中认识到什么是对什么是错吗？禅让制、世袭制、分封制和宗法制这些知识点与学生的心智发展有什么关系？与学生的道德价值观的形成有什么关系？回答是：不能。结论是：缺德。

问：你的意思是，学历史要以历史人物为中心？这样教材就得重编。

答：必须重编。孔子深懂价值形成要通过历史人物故事的分析来展开，他说：“我欲载之空言，不如见于行事之深切著明也。”(《史记·孔子世家》)。孔子不想把价值追求写成理论，而要表现在历史人物行为之中，他认为这样才能深切著明，所以孔子编写了《春秋》，通过对历史人物善恶是非的分析评论，以史载道，构建善恶是非的价值系统。孔子的历史教育，是以史建德。

中国文史哲传统中，史学教育比文学有历史真实感，与哲学相比又有人物形象和故事，因此，最容易被大众接受。孔子选择历史写作和历史教育来建立他的价值系统，从感性叙事升向抽象价值，是对教育问题深度思考的结果。

孔子是传统的继承者。孔子之前，《尚书》《左传》已成为典范，以人物为中心，展开成败得失和善恶是非裁断。孔子以后的《史记》《资治通鉴》等历史著作，皆遵从这一传统，以人物为中心，以人物评价为线索，以史建德。我研究诸子百家，认为如果没有二十四史作为案例基础，其实很难深切把握诸子百家的思想。学诸子哲学，要辅之以历史。

问:《圣经》也是一部历史吗?

答: 是。教堂讲经布道，就是从讲《圣经》历史故事开始的，然后再进行分析。以人为中心学历史，这不仅仅是中国传统，也是人类普世的智慧传统。一部《圣经》就是史书，是上帝与以色列人以及人类关系的历史记录，也是用人物的言行来建立价值系统的。现在的高中历史课本，中心是讲政治制度，考点就是政治制度的知识点，这种历史教育模式，源自马克思对历史进行哲学分析和规律抽取的方法，源自于苏联把历史学政治化的传统，而且是对这个传统的再收缩。因为马列强调生产力决定生产关系，对生产技术和生产组织还是比较重视的。但无论如何，这样的历史教育中，历史行动的主体——个体的人，是被抽空了。失去了历史个体，善恶是非就失去了依托。

显然，现行的历史教育，是对西方历史教育传统的扭曲和残破引进，也是对中国历史教育传统的全面背弃，是对学生心智发育必须经过感觉到概念的自然规律的漠视，是对学生学习和继承历史传统的兴趣的破坏，是“缺德”的历史教育方式。

问：在现行历史教育没有改变之前，怎么办呢？

答：支持孩子读历史人物传记。最好是《史记》这样的作品。如果不掌握文言文，可看译文本。另外，我在“掌上国学院”微信公号上也讲《史记》，有空时可带孩子一起听我对《史记》历史人物的评点。

中国历史教育，形式上要回到中国传统，回到以人物为中心、以成败得失分析为基础、以善恶是非为导向的价值建设的传统。在此基础上，辅之以技术分析、经济分析、政治制度分析等。这样的历史教育，就是以感性驱动，以理性结束，从感性到概念的整合过程，使学生在讨论中形成善恶是非的行为准则。这对学生很重要，对社会很重要。中国历史教育，方法上的回归传统就是变革，方法上的回归传统就是进步。

回归并不意味着保守，历史教育的方法要回归传统，但历史教育的价值评判要超越传统。今天的中国人，是走向现代性的中国人，是走向全球化的中国人，人们追求更多的自由和更深的平等，人们渴求更强的协作和更多的正义。我们看待历史的眼光已是新眼光，我们对历史人物的评价会依据新的价值标准。历史教育方法的回归，意味着以史载道，建立我们指向未来的新的价值体系。编写新的历史课本，以人物言行为中心，以对人物的评价建立价值体系，以对技术、经济、政治的分析作为背景，这是我们的责任。

扫码即可收听
《道德经》全文诵读音频

附 录

道德经

（杨鹏 2017 年 7 月校订本）

1

道可道，非恒道。名可名，非恒名。无名，万物之始。有名，万物之母。故恒无欲，以观其妙。恒有欲，以观其徼。两者同出，异名同谓。玄之又玄，众妙之门。

2

天下皆知美之为美，斯恶已。皆知善之为善，斯不善矣。故有无相生，难易相成，长短相形，高下相盈，音声相和，前后相随，恒也。是以圣人居无为之事，行不言之教。万物作而弗始，为而弗志，功成而弗居。夫唯弗居，是以不去。

3

不上贤，使民不争。不贵难得之货，使民不为盗。不见可欲，使民不乱。是以圣人之治：虚其心，实其腹，弱其志，强其骨。恒使民无知无欲，使夫智者不敢为也。为无为，则无不治。

4

道冲，而用之或不盈。渊呵！似万物之宗。锉其锐，解其纷。和其光，同其尘。湛呵！似或存。吾不知其谁之子。象帝之先。

5

天地不仁，以万物为刍狗。圣人不仁，以百姓为刍狗。天地之间，其犹橐籥乎？虚而不屈，动而愈出。多闻数穷，不如守于中。

6

浴神不死，是谓玄牝。玄牝之门，是谓天地之根。绵绵呵其若存。用之不勤。

7

天长地久。天地所以能长且久者，以其不自生，故能长生。是以圣人退其身而身先，外其身而身存。不以其无私与？故能成其私。

8

上善若水。水善利万物而有静。居众人之所恶，故几于道。居善地，心善渊，予善天，言善信，正善治，事善能，动善时。夫唯不争，故无尤。

9

持而盈之，不如其已。揣而锐之，不可长保。金玉满堂，莫之能守。贵富而骄，自遗其咎。功遂身退，天之道也。

10

载营魄抱一，能无离乎？抟气致柔，能婴儿乎？涤除玄鉴，能无疵乎？爱民治国，能无以知乎？天门开阖，能为雌乎？明白四达，能无为乎？生之畜之。生而弗有。长而弗宰。是谓玄德。

11

三十辐，共一毂。当其无，有车之用。埏埴而为器。当其无，有器之用。凿户牖以为室。当其无，有室之用。故有之以为利，无之以为用。

12

五色使人目盲。五音使人耳聋。五味使人口爽。驰骋田猎使人心发狂。难得之货使人行妨。是以圣人之治也，为腹而不为目。故去彼而取此。

13

宠辱若惊。贵大患若身。何谓宠辱若惊？宠之为下。得之若惊，失之若惊，是谓宠辱若惊。何谓贵大患若身？吾所以有大患者，为吾有身。及吾无身，吾有何患？故贵为身于为天下，若可以托天下。爱以身为天下，若可以寄天下。

14

视之不见，名之曰微。听之不闻，名之曰希。搏之不得，名之曰夷。三者不可至计，故混而为一。其上不皦，其下不昧。寻寻呵不可名，复归于无物。是谓无状之状，无物之象，是谓沕望。随而不见其后，迎而不见其首。执今之道，以御今之有，以知古始，是谓道纪。

15

古之善为道者，微妙玄达，深不可志。夫唯不可志，故强为之容：豫呵其若冬涉水。犹呵其若畏四邻。严呵其若客。涣呵其若淩泽。沌呵其若朴。混呵其若浊。旷呵其若浴。孰能浊以静之徐清？孰能安以动之徐生？保此道者不欲盈。夫唯不欲盈，是以能蔽而不成。

16

致虚极也。守静笃也。万物并作，吾以观其复。天道员员，各复归其根。归根曰静，是谓复命。复命常也。知常明也。不知常，妄作凶。知常容，容乃公，公乃王，王乃天，天乃道，道乃久，没身不殆。

17

太上，下知有之。其次，亲而誉之。其次，畏之。其下，侮之。信不足焉，有不信焉。犹呵其贵言！成事述功，百姓皆谓：我自然。

18

故大道废，有仁义。知慧出，有大伪。六亲不和，有孝慈。国家昏乱，有忠臣。

19

绝智弃辩，民利百倍。绝仁弃义，民复孝慈。绝巧弃利，盗贼无有。此三言也，以为文不足，故令有所属：见素抱朴，少私寡欲，绝学无忧。

20

唯之与诃，相去几何？美之与恶，相去何若？人之所畏，亦不可不畏人。荒呵，其未央哉！众人熙熙，若享于太牢，而春登台。我泊焉未佻，若婴儿之未咳。累累呵，似无所归。众人皆有余，而我独若遗。我愚人之心也，沌沌呵！俗人昭昭，我独昏昏呵。俗人察察，我独闷闷呵。沕呵，其若海。望呵，其若无所止。众人皆有以，我独顽以鄙。我独异于人，而贵食母。

21

孔德之容，唯道是从。道之为物，唯望唯沕。沕呵望呵，中有象呵。望呵沕呵，中有物呵。窈呵冥呵，中有精呵。其精甚真，其中有信。自今及古，其名不去，以顺众父。吾何以知众父之然也？以此。

22

曲则全，枉则正，洼则盈，敝则新，少则得，多则惑。是以圣人执一，以为天下牧。不自视故明。不自见故彰。不自伐故有功。不自矜故能长。夫唯不争，故天下莫能与之争。古之所谓曲则全者，岂虚语哉？诚全归之。

23

希言自然。飘风不终朝，暴雨不终日。孰为此者？天地而弗能久，而况于人乎！故从事而道者同于道，德者同于德，失者同于失。同于德者，道亦德之。同于失者，道亦失之。

24

炊者不立。自视者不彰。自见者不明。自伐者无功。自矜者不长。其在道也，曰：余食赘形，物或恶之。故有欲者弗居。

25

有物混成，先天地生。寂呵漻呵，独立而不改，可以为天地母。吾未知其名，字之曰道。吾强为之名曰大。大曰逝，逝曰远，远曰反。道大，天大，地大，王亦大。国中有四大，而王居一焉。人法地，地法天，天法道，道法自然。

26

重为轻根，静为躁君。是以君子终日行，不离其辎重。唯有环官，燕处则昭若。奈何万乘之王，而以身轻于天下？轻则失本，躁则失君。

27

善行者无辙迹。善言者无瑕谪。善数者不用筹策。善闭者无关楗而不可开。善结者无绳约而不可解。是以圣人恒善救人，而无弃人，物无弃材，是谓袭明。故善人者，善人之师。不善人者，善人之资。不贵其师，不爱其资，虽智大迷。是谓要妙。

28

知其雄，守其雌，为天下溪。为天下溪，恒德不离，复归于婴儿。知其荣，守其辱，为天下浴。为天下浴，恒德乃足，复归于朴。知其白，守其黑，为天下式。为天下式，恒德不忒，复归于无极。朴散则为器，圣人用之，则为官长。夫大制无割。

29

将欲取天下而为之，吾见其不得已。夫天下神器也，非可为者也。为之者败之，执之者失之。物或行或随，或热或吹，或强或羸，或陪或坠。是以圣人去甚，去大，去奢。

30

以道佐人主，不以兵强于天下。其事好还。师之所处，荆棘生之。善者果而已，毋以取强焉。果而勿骄，果而勿矜，果而勿伐，果而不得已，是谓果而不强。物壮则老，谓之不道。不道早已。

31

夫兵者，不祥之器，物或恶之，故有欲者弗居。君子居则贵左，用兵则贵右。故兵者非君子之器，兵者不祥之器也。不得已而用之，铦袭为上。勿美也。若美之，是乐杀人也。夫乐杀人，不可以得志于天下矣。是以吉事上左，丧事上右。是以偏将军居左，上将军居右，言以丧礼居之也。杀人众，以悲哀立之。战胜，以丧礼处之。

32

道恒无名。朴唯小，而天下弗敢臣。侯王若能守之，万物将自宾。天地相合，以降甘露，民莫之令而自均。始制有名，名亦既有，夫亦将知止。知止所以不殆。卑道之在天下，犹小浴之与江海也。

33

知人者智，自知者明。胜人者有力，自胜者强。知足者富。强行者有志。不失其所者久。死而不亡者寿。

34

大道氾呵，其可左右。成功遂事而弗名有，万物归焉而弗为主，则恒无欲也，可名于小。万物归焉而弗为主，可名于大。是以圣人之能成大也，以其不为大也，故能成其大。

35

执大象，天下往。往而不害，安平太。乐与饵，过客止。道之出言，淡呵其无味也。视之不足见，听之不足闻，用之不可既也。

36

将欲歙之，必固张之。将欲弱之，必固强之。将欲去之，必固与之。将欲夺之，必固予之。是谓微明。柔弱胜刚强。鱼不可脱于渊，国之利器不可以示人。

37

道恒无为。侯王能守之，万物将自化。为而欲作，将贞之以无名之朴，夫亦将知足。知足以静，万物将自定。

38

上德不德，是以有德。下德不失德，是以无德。上德无为而无以为。上仁为之而无以为。上义为之而有以为。上礼为之而莫之应，则攘臂而扔之。故失道而后德，失德而后仁，失仁而后义，失义而后礼。夫礼者，忠信之薄，而乱之首也。前识者，道之华，而愚之首也。是以大丈夫居其厚而不居其薄，居其实而不居其华。故去彼而取此。

39

昔之得一者：天得一以清，地得一以宁，神得一以灵，浴得一以盈，万物得一以生，侯王得一而以为天下正。其致之也，谓天无以清，将恐裂 。地无以宁，将恐发。神无以灵，将恐歇。浴无以盈，将恐竭。万物无以生，将恐灭。侯王无以贵以高，将恐蹶。故必贵而以贱为本，必高矣而以下为基。是以侯王自谓孤寡不穀。此非以贱为本与？非也？故致数誉无誉。是故，不欲禄禄如玉，硌硌如石。

40

反也者，道之动。弱也者，道之用。天下之物生于有，有生于无。

41

上士闻道，勤能行之。中士闻之，若存若忘。下士闻道，大笑之。弗大笑，不足以为道矣。是以建言有之曰：明道如昧。进道如退。夷道如类。上德如浴。大白如辱。广德如不足。建德如偷。质真如渝。大方无隅。大器免成。大音希声。天象无形。道褒无名。夫唯道，善始且善成。

42

道生一，一生二，二生三，三生万物。万物负阴而抱阳，冲气以为和。天下之所恶，唯孤寡不穀，而王公以自名也。物或损之而益，或益之而损。故人之所教，我亦教人。强梁者不得其死，吾将以为教父。

43

天下之至柔，驰骋于天下之至坚。无有入于无间。吾是以知无为之有益也。不言之教，无为之益，天下希能及之矣。

44

名与身孰亲？身与货孰多？得与亡孰病？是故甚爱必大费，多藏必厚亡。故知足不辱，知止不殆，可以长久。

45

大成若缺，其用不弊。大盈若冲，其用不穷。大直如屈，大巧如拙，大赢如绌。燥胜寒，清胜热。清静可以为天下正。

46

天下有道，却走马以粪。天下无道，戎马生于郊。罪莫大于可欲，祸莫大于不知足，咎莫大于欲得。故知足之足，恒足矣。

47

不出于户，以知天下。不窥于牖，以知天道。其出弥远者，其知弥少。是以圣人不行而知，不见而明，不为而成。

48

为学者日益，为道者日损。损之又损，以至于无为。无为而无不为。取天下也，恒无事。及其有事也，不足以取天下。

49

圣人恒无心，以百姓之心为心。善者，吾善之。不善者，吾亦善之，德善也。信者，吾信之。不信者，吾亦信之，德信也。圣人之在天下，歙歙焉，为天下浑其心。百姓皆属耳目焉，圣人皆孩之。

50

出生入死。生之徒，十有三。死之徒，十有三。而民生生，动皆之死地之十有三。夫何故也？以其生生。盖闻善执生者，陵行不避兕虎，入军不被甲兵。兕无所投其角，虎无所措其爪，兵无所容其刃。夫何故也？以其无死地焉。

51

道生之而德畜之，物形之而器成之，是以万物尊道而贵德。道之尊，德之贵也，夫莫之爵而恒自然也。道生之畜之，长之育之，亭之毒之，养之覆之。生而不有，为而不恃，长而不宰。是谓玄德。

52

天下有始，以为天下母。既得其母，以知其子。既知其子，复守其母，没身不殆。塞其兑，闭其门，终身不勤。启其兑，济其事，终身不救。见小曰明，守柔曰强。用其光，复归其明，无遗身殃，是谓袭常。

53

使我介有知，行于大道，唯施是畏。大道甚夷，而民好径。朝甚除，田甚芜，仓甚虚。服文采，带利剑，厌饮食，财货有余。是谓盗夸，非道也哉！

54

善建者不拔，善抱者不脱，子孙以祭祀不绝。修之于身，其德乃真。修之于家，其德乃余。修之于乡，其德乃长。修之于国，其德乃丰。修之于天下，其德乃博。以身观身，以家观家，以乡观乡，以国观国，以天下观天下。吾所以知天下之然哉？以此。

55

含德之厚者，比于赤子。蜂虿虺蛇不螫，攫鸟猛兽不搏。骨弱筋柔而握固，未知牝牡之合而朘怒，精之至也。终日号而不忧，和之至也。和曰常。知和曰明。益生曰祥。心使气曰强。物壮则老，谓之不道。不道早已。

56

知者不言，言者不知。塞其兑，闭其门。和其光，同其尘。锉其锐，解其纷。是谓玄同。故不可得而亲，不可得而疏，不可得而利，不可得而害，不可得而贵，不可得而贱，故为天下贵。

57

以正治国，以奇用兵，以无事取天下。吾所以知其然也哉？天下多忌讳而民弥贫。民多利器而国家滋昏。人多知而奇物滋起。法物滋彰而盗贼多有。是以圣人之言曰：我无事而民自富，我无为而民自化，我好静而民自正，我无欲而民自朴。

58

其政闷闷，其民淳淳。其政察察，其邦缺缺。祸兮福之所倚，福兮祸之所伏，孰知其极？其无正也。正复为奇，善复为妖。人之迷，其日固久。是以圣人方而不割，廉而不刺，直而不肆，光而不耀。

59

治人事天莫若啬。夫唯啬，是以早服。早服是谓重积德。重积德则无不克。无不克则莫知其极。莫知其极，可以有国。有国之母，可以长久。是谓深根固柢，长生久视之道。

60

治大国，若烹小鲜。以道立天下，其鬼不神。非其鬼不神，其神不伤人。圣人亦不伤人。夫两不相伤，故德交归焉。

61

大国者下流也。天下之牝，天下之交也。牝恒以静胜牡。为其静也，故宜为下。大国以下小国，则取小国。小国以下大国，则取于大国。故或下以取，或下而取。故大国者不过欲兼畜人，小国者不过欲入事人。夫皆得其欲，则大者宜为下。

62

道者万物之注也。善人之宝，不善人之所保也。美言可以市，尊行可以贺人。人之不善，何弃之有？故立天子，置三卿，虽有拱璧以先四马，不若坐而进此。古之所以贵此者何也？不谓“求以得，有罪以免”与？故为天下贵。

63

为无为，事无事，味无味。大小多少，报怨以德。图难于其易，为大于其细。天下之难作于易，天下之大作于细。是以圣人终不为大，故能成其大。夫轻诺必寡信，多易必多难。是以圣人犹难之，故终于无难。

64

其安易持，其未兆易谋，其脆易破，其微易散。为之于其未有，治之于其未乱。合抱之木，生于毫末。九层之台，作于累土。百千之高，始于足下。为之者败之，执之者失之。是以圣人无为故无败，无执故无失。人之败也，恒于几成而败之。故慎终若始，则无败事矣。是以圣人欲不欲，而不贵难得之货。教不教，复众人之所过，是以能辅万物之自然而不敢为。

65

故曰：为道者非以明民也，将以愚之也。民之难治，以其智也。故以智治国，国之贼也。不以智治国，国之福也。恒知此两者，亦稽式也。恒知稽式，是谓玄德。玄德深矣远矣，与物反矣，乃至大顺。

66

江海之所以能为百浴王者，以其善下之，是以能为百浴王。圣人之在民前也，必以其身后之。其在民上也，必以其言下之。故居前而民不害，居上而民不重，是以天下乐推而不厌也。以其不争，故天下莫能与之争。

67

天下皆谓我大。大而不肖。夫唯不肖，故能大。若肖，细久矣！我恒有三宝，持而保之。一曰慈，二曰检，三曰不敢为天下先。慈故能勇。检故能广。不敢为天下先，故能为成事长。今舍其慈且勇，舍其检且广，舍其后且先，则必死矣！夫慈以战则胜，以守则固。天将建之，以慈卫之。

68

善为士者不武。善战者不怒。善胜敌者不与。善用人者为之下。是谓不争之德，是谓用人之力，是谓配天，古之极也。

69

用兵有言曰：吾不敢为主而为客。不敢进寸而退尺。是谓行无行，攘无臂，执无兵，乃无敌矣。祸莫大于无敌，无敌几丧吾宝。故抗兵相若而哀者胜矣。

70

吾言甚易知甚易行，天下莫能知莫能行。言有君，事有宗。夫唯无知也，是以不我知。知我者希，则我者贵。是以圣人被褐而怀玉。

71

知不知，尚矣。不知不知，病矣。是以圣人之不病，以其病病，是以不病。

72

民不畏威，则大威至。无狎其所居，无厌其所生。夫唯不厌，是以不厌。是以圣人自知而不自见，自爱而不自贵。故去彼而取此。

73

勇于敢则杀，勇于不敢则活。此两者或利或害。天之所恶，孰知其故？天之道，不战而善胜，不言而善应，不召而自来，坦然而善谋。天网恢恢，疏而不失。

74

民不畏死，奈何以杀惧之？使民恒且畏死，而为奇者，吾得而杀之，夫孰敢矣？若民恒且必畏死，则恒有司杀者。夫代司杀者杀，是谓代大匠斲。夫代大匠斲者，希有不伤其手矣。

75

人之饥，以其上食税之多，是以饥。百姓之不治，以其上之有以为，是以不治。民之轻死，以其求生之厚，是以轻死。夫唯无以生为者，是贤贵生。

76

人之生也柔弱，其死也坚强。万物草木之生也柔脆，其死也枯槁。故曰：坚强者死之徒，柔弱微细生之徒。兵强则不胜，木强则兵。强大处下，柔弱微细处上。

77

天之道，其犹张弓也。高者抑之，下者举之。有余者损之，不足者补之。故天之道，损有余而益不足。人之道则不然，损不足而奉有余。孰能有余而有以取奉于天者？唯有道者乎？是以圣人为而不有，成功而不居，其不欲见贤也。

78

天下莫柔弱于水，而攻坚强者莫之能胜，以其无以易之。柔之胜刚，弱之胜强，天下莫不知，而莫能行。是以圣人云：受国之垢，是谓社稷主。受国不祥，是谓天下王。正言若反。

79

和大怨，必有余怨，安可以为善？是以圣人执右契，而不责于人。有德司契，无德司彻。天道无亲，恒与善人。

80

小国寡民，使十百人之器勿用，使民重死而远徙。有车舟无所乘之，有甲兵无所陈之，使民复结绳而用之。甘其食，美其服，乐其俗，安其居。邻国相望，鸡狗之声相闻。民至老死，不相往来。

81

信言不美，美言不信。知者不博，博者不知。善者不多，多者不善。圣人无积，既以为人己愈有，既以予人己愈多。故天之道，利而不害。人之道，为而不争。

图书在版编目（CIP）数据

杨鹏解读《道德经》/ 杨鹏著 . —上海：上海社会科学院出版社，2017
ISBN 978-7-5520-2105-9

Ⅰ. ①杨… Ⅱ. ①杨… Ⅲ. ①道家②《道德经》—通俗读物 Ⅳ. ① B223.1-49

中国版本图书馆 CIP 数据核字（2017）第 200567 号

杨鹏解读《道德经》

著　　者： 杨　鹏
责任编辑： 周　霈　杜颖颖
封面设计： 主语设计
特约编辑： 苏　元
出版发行： 上海社会科学院出版社
上海市顺昌路 622 号　邮编 200025
电话总机 021-63315900　销售热线 021-53063735
http: //www. sassp.org.cn　E-mail: sassp@sassp.org.cn
印　　刷： 天津旭丰源印刷有限公司
开　　本： 889 × 1194 毫米　1/32 开
印　　张： 7.25
字　　数： 100 千字
版　　次： 2017 年 10 月第 1 版　2023 年 5 月第 4 次印刷

ISBN 978-7-5520-2105-9/B · 229　定价：42.80 元
